FIRST CLASS 대학수업 현장 문제중심학습

Workplace Problem-Based Learning: WPBL

송상호 저

학지사

"문득 책 『죽은 시인의 사회』에 나오는 존 키팅 선생님의 수업방식이 강의와 겹쳐 보였다. 책으로만 무작정 보면서 강의를 듣는 것이 아닌, 계속 자신의 의견을 얘기해 보면서 코멘트하고, 동기들의 과제나 생각을 알아 가며 견문을 넓히고, 마지막으로 교수님이 그 뜻을 알려 주며 우리가 그것에 대해 다시 한번 생각해 보고…….

아마 다른 수많은 대학은 수업을 이렇게 하지 않을 것 같다는 생각이 들었다. 그래서 교육공학과에 들어온 내가 이런 수업을 받는다는 것에 대해 새롭고 좋은 경험을 하는 것이라고 생각하게 되었다. 이러한 수업을 위해서 교수님이 교육공학과 학생들을 엄청 신경 써 주시고, 챙겨 주시며, 노력하시는 것을 알게 되고, 더 열심히 수업을 들으며, 배워 나가야겠다고 생각했다."

*이 책에서는 미래를 리드하는 데 중요한 인재의 역량으로서
'자연스럽게 현장에서 문제를 발견하면서
동시에 원인과 해결방향까지 떠올리게 하는 역량'을
문제인식(problem sensing) 역량이라고 개념화한다.

머리말

학습은 현장(workplace)에서 가장 잘 발생한다. 학생과 교수자는 현장에서 만나 현장에서 함께 호흡해야 한다. 그리고 교수자는 학생을 위해서 현장에서 모든 역량과 열정을 발휘해야 한다. 이 책은 궁극적으로 교수가 아닌 학생들에게 도움을 주기 위한 것일지도 모른다. 그들의 눈에 지금 어떤 대학수업이 보이고 있는지 생각해 볼 기회가 될 수 있기를 바라며 학생의 말을 들어 보았다.

> 이제는 이 현장 문제중심학습(WPBL) 수업이 매우 편하게 진행되며 집중도가 매우 높다. 아직도 다른 과목에서는 일방적인 강의와 암기가 강하지만 송상호 교수님의 수업에서만큼은 학습의 본질적인 즐거움을 느끼는 것 같다. '다른 수업에도 적용하면 되지 않느냐?'에 대한 질문에 '다른 교수님들은 WPBL을 모르고, 동기의 중요성을 크게 인지하지 않으신다.'라고 대답하고 싶다. 물론 교수님들도 다들 전문가이시고 각자의 수업방식을 존중해 드려야 하지만 WPBL 수업처럼 자연스럽게 집중이 유도되고 수업 후 활동의 필요성을 느끼게 하는 수업은 없다고 생각한다…….
>
> 이처럼 교수님의 수업은 당장 한 수업만이 아니더라도 다른 수업에까지 영향을 미친다. 이렇게 학생의 역량을 늘려 주는 수업

> 이 정말로 참된 대학에서의 수업인 것 같고, 앞으로는 많은 수업이 WPBL 방식과 비슷하게라도 진행됐으면 좋겠다. 이 수업의 매력성은 말할 것도 없이 최고이며, 나는 열심히 수업에 참여하여 나의 효과성을 입증하고, 효율적인 학습을 진행할 것을 다짐하는 바이다.

이제는 대학수업에서 교수자들에게 새로운 비전이 필요하다. 열심히 노력하시는 많은 교수님의 모습이 눈에 떠오른다. 대학에서 실시하는 수많은 교수법 특강과 연수에 열심히 참여하지만 뭔가 성과가 만족스럽지 않다면 수업의 기본 토대를 돌아보아야 한다. 그것은 곧 학생들의 학습과정이다. 단지 몇 가지 팁이나 기법으로 접근하면 수업은 개선되지 않는다.

대학수업은 아트이며 과학이다. 교수자의 모든 역량이 녹아 있어야 빛을 발휘한다. 지금 교수님들이 가지고 계신 열정이 제대로만 작동된다면 대학수업은 얼마든지 개선될 수 있다. 사실, 누구나 할 수 있다. 다만, 제대로 하는 방법을 처음부터 돌아보는 것이 필요하다. 학생을 탓하기보다 그들을 이해하고 공감하며 그들의 눈으로 자신의 교과목을 다시 살펴보면 내 수업의 성공요인이 보이기 시작한다.

서두를 필요는 없을 것이다. 1~3년 정도 꾸준히 개선해 가면 어느덧 내 수업이 명품 수업이 될 수 있을 것이다. 나와 학생이 함께 웃고 있을 것이다. 대학수업의 교수자라면 이제부터 누구나 할 수 있다는 확신을 가지고 하면 된다. 시작은 곧 성공을 가져온다는 각오로 'Act, right now, here!', 즉 지금 바로 움직이면 대학수업은 성공하고 교수자로서의 기쁨이 높아질 것이다.

교수자들은 학생들과 눈을 맞추며 함께 호흡하는 것이 필요하다. 학생들에게 앞으로 닥쳐올 미래의 부담을 그냥 떠넘길 수만은 없다. 그들이 스스로 해결할 수 있는 힘을 키워 주어야 한다. 수업은 그들이 우리 세대보다 더 멋지게 해낼 수 있도록 함께 준비하는 기회이기에 매우 귀중한 시간이다. '깊이 있는 학습자'로 학생들이 성장하고 발전하기 위해서는 교수자의 열정이 필요하다. 그때 비로소 나의 수업은 개선되어 First Class, 즉 최고가 될 것이다.

실전 학습모델 '현장 문제중심학습(Workplace Problem-Based Leanrning: WPBL)'을 함께 실행하면서 생각을 공유하며 도움을 준 학생들 고은결, 김경언, 김규진, 김도연, 김민경, 김인중, 김자민, 김호준, 노혜린, 류세윤, 박소정, 박수민, 박정현, 소지연, 엄정주, 여원익, 이병헌, 이수연, 이혜정, 정지연, 최서영, 최원준, 최유진, 최윤선, 최지원, 황수민 모두에게 감사한다.

2023년 1월

송천동 연구실에서

저자 송상호

서론

WPBL의 학습활동

문제인식 인재의 학습과 미래

예습은 가능한 한 하지 않는다. 선택적으로 한다.

수업시간에 교수자, 학생들과 공감하며 어울리고 그 자리에서 핵심을 파악하려고 한다.

수업에서 다루어지는 내용을 접하면서 자신의 주변에 있는 실제 문제들을 다시 한번 돌아보게 되고 문제들을 나열하며 가능한 한 구체적으로 간결하게 진술하려고 한다.

문제가 교과내용과 연계되는 접점을 인식하면서 끊임없이 문제인식을 진행하며 학습목적과 학습목표를 구체화해 간다.

교수자가 제시하는 씨앗뿌리기 내용들에 유심히 집중하면서 익숙해지려고 생각하고 반복하며 그 과정에서 궁금한 점, 인상적인 점, 강조할 점 등을 1차 노트에 작성하고 자신의 이해를 바탕으로 입을 열어 의견을 제시한다.

부딪혀 오는 지적 갈등과 관련된 학습이슈를 도출하고 학습과제를 학습목적이나 학습목표에 비추어 선정하여 실행하면서 질문사항은 자신 있고 겸손하게 질문하며 자신에게 무엇이 부족한지 초인지를 작동하여 점검하고 행동한다.

동료티칭은 자신에게 학습의 기쁨을 준다. 내가 아는 것을 동료와 공유하면서 자신의 이해도 명료해지고 내가 이런 맛에 학습하는구나를 느끼며 즐거워한다.

특히 동료들과 토론할 때는 토론 팀의 운영전략을 세우고 리더나 팔로어로서 최선을 다한다. 동료들의 관점을 접하면서 나의 관점이 어느 부분에서 한계가 있는지를 파악하고 서서히 자신의 프라임 아이디어를 개선해 나간다.

2차 노트는 계속 제시되는 지식들을 연결하는 나만의 작품공간이므로 마음껏 플러스 알파를 하면서 나만의 지식을 구성한다. 1차 노트를 참조하고 필요시 추가로 수업 외 학습활동을 효율적으로 진행하여 2차 노트를 내실화한다.

WPBL의 활동과정을 단계적으로 진행하면서 도전, 분석, 행동, 평가 활동을 순환적으로 반복하며 자신의 학습활동 하나하나를 점검하는 과정에서 3차 노트를 구체화해 나간다.

학습한 지식의 발전 내용과 동시에 학습활동 자체에 대한 메타인지적 성찰을 통해 자신을 돌아보고 더욱더 개선된 학습활동의 의지를 불태운다.

이러한 문제인식 역량과 프라임 아이디어로 알차게 준비하면서 미래의 업무현장에서 단지 지시만 기다리는 것이 아니라 스스로 알아서 움직이며 현장을 리드하는 가이드를 만들며 새로운 아이템을 창조해 간다.

"Welcome on board, First Class!"

차례

수업은 WPBL 학습의 과정을 지원해야 한다. 자신이 학습하는 과정이 자연스럽게 받아들여질 수 있도록 면밀한 설계가 필요하다. 다양한 수업전략과 수업전술을 개발하는 노력이 끊임없이 전개되어야 한다. 다음의 차례 내용은 WPBL을 촉진하는 교수자들이 참조해야 할 내용들이다.

내용 구성 흐름도

WPBL의 필요성

↓

프라임 아이디어 ↓ 공감하기 | 문제인식 ↓ 씨앗 뿌리기

↓

골세팅과 미션구체화

↓

말하기 | 토론하기

↓

1차 노트

↓

2차 노트

↓

3차 노트

↓

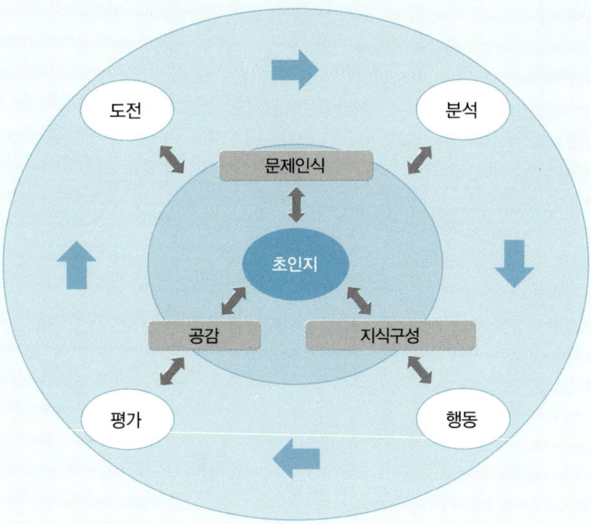

1장

우리는 다르다, 우리는 함께한다, 우리는 해낸다

WPBL은 실전용 학습모델이다

대학수업의 혁신 없이 대학과 국가의 발전은 어렵다. 지금의 대학수업에서 모두는 아니지만 상당수의 수업은 개선되어야 한다. 대학은 더 이상 고상한 상아탑이 아니며 새로운 변신을 시도해야 하는데 그 핵심은 수업의 혁신이다. OECD 선진국의 지위를 유지하려면 지금의 수업 관행은 철저히 변화되어야 하며 학생의 성공을 담보할 수 없는 수업들은 존재 가치를 점검해야 한다.

대학수업의 존재 이유는 첫째도, 둘째도, 셋째도 학생들의 성장과 발전이다. 궁극적으로 WPBL에서는 생존문제라는 키워드를 중시하며 보다 구체적으로는 생존을 위한 문제발견과 프라임 아이디어 역량의 발전을 지향한다.

생존이라는 단어는 사전적으로 단지 죽고 사는 문제만을 의미하는 것이 아니라 개인마다 다른 상대적인 삶의 질적 향상이 되는가 아닌가도 포함하는 의미로 사용된다. 즉, 지금보다 나은 삶을 추구하는 것도 생존으로 개념화한다. 따라서 생존을 위한 문제발견 역

량이란 자신의 생사 및 질적 향상의 과정에서 부딪히는 모든 문제를 개인이 직접 찾아낼 수 있는가 없는가를 의미한다.

프라임 아이디어라는 키워드는 생존을 위한 지적 안목을 의미한다. 지적 안목이 없이 생존을 기대하기 어렵다는 가정이다. 따라서 흔히 '아는 것이 힘이다'라는 입장을 중시하는데, 잡다한 모든 지식을 머리속에 담는 그러한 '아는 것'이 아니라 세상을 읽는 관점(perspective)으로서 세상을 읽는 가장 근본적인 자기만의 아이디어를 의미한다.

학생들의 생존을 위한 실제 현장은 치열한 도전과 응전의 연속이다. 평화를 추구하고 느림을 향유하며 자신만의 가치를 구현해 가는 저마다의 행복한 생존이 가득한 세상을 우리는 기대할 수 있지만 누군가는 그렇지 못한 상황을 예견하고 예방하며 오히려 더 나은 세상을 위해, 즉 질적으로 더 높은 생존이 가능하도록 하기 위해 학생들을 도와주어야 한다.

이것이 WPBL이 등장한 이유이다. 그리고 이제라도 대학에서 그 역할을 해 주어야 한다. 이미 성인의 문턱에서 성인학습자 흉내를 내는 후속 세대들에게 선배 세대들이 'GIVE' 할 수 있는 최선의 것이 WPBL이다.

저마다의 생존이 발전되어 간다는 것은 해당 소사이어티, 즉 가정이나 조직, 나아가 국가나 세계사회가 발전해 가는 토대가 된다. 나의 삶이나 생존이 탄탄하지 않는 상황에서 과연 남과의 공존과 상호 발전을 기대할 수 있을까? 따라서 WPBL에서는 개인의 생존이 발전하는 기본적인 흐름, 즉 과정을 설정하며 그에 따라 개인들의 학습이 자연스럽게 발생하도록 해야 한다는 입장을 취한다.

원래 WPBL은 생존경쟁이 치열한 기업교육 현장에서 발생하여 대학교육 현장에서 발전한 실전용 학습모델이다(이 책에서는 주로 대학에서의 WPBL을 설명한다). 수업모델이라 칭하지 않고 학습모델이라고 칭하는 이유는 개인의 자기주도적 학습의 과정, 즉 'course of action'을 설명하는 모델이며 동시에 실천모델이기 때문이다. 또한 실천모델로서 WPBL은 자기학습의 주인으로서 생존을 위한 과정에서 반드시 거쳐 가야 하는 단계들을 구체화한 당위적 모델이기도 하다.

대학수업은 대학생들의 생존을 위한 WPBL을 지원하는 종합적인 과학이며 아트라고 할 수 있다. 교수라는 존재는 그에게 요구되는 사회적 기대를 파악하고 제대로 역할을 할 때 존재 가치가 있을 것이다. 'A teacher is a many thing.'이라는 표현에서 교수는 과연 학생들에게 어떠한 의미로 존재하는 것일까? 'A teacher is a many splendored thing.'으로서 대학 교수의 위치를 확고히 하는 것은 무엇일까? 즉, 학생들을 어떤 모습으로 키워 낼 때 학생들이 멋있는 교수님으로 떠올리고 나아가서 그 지나온 과정에 대해 진심으로 감사의 마음을 표할 것인가?

우리 대학생들은 기성세대들이 겪지 못한 수많은 생존의 문제를 겪으며 버텨 내야 할 것이다. 아무리 좋은 말로 미래를 포장해도 현실은 이 책에서 언급할 수도 없을 정도의 어려움으로 학생들에게 닥쳐올 것이다. 그럼 기성세대가 할 수 있는 일은 무엇일까?

우리는 다르다, 우리는 함께한다, 우리는 해낸다

'우리는 다르다, 우리는 함께한다, 우리는 해낸다.' 이 구호는 안동대학교 교육공학과의 1학년 1학기 첫 수업에서 필자가 학생들과 함께 외치는 구호이다. 무슨 군대 같은 소리인가라는 만약의 비판을 감수하고서라도 큰 소리로 외친다. 왜? 이제 우리 학생들에게 제대로 학습하는 법을 가르쳐야 하기 때문이다. 육체적 성인의 초입단계에서 온전한 성인으로 발전할 수 있으려면 기존의 부적절한 학습방법을 바꾸어 주어야 한다. 필요에 따라서는 탈학습(unlearning)의 기회를 주어야 하며, 새로운 방법으로 자신의 학습을 주도할 수 있도록 해 주어야 한다. WPBL에서는 학습의 과정이 곧 생존의 과정이기에 학습방법의 개선을 통해 생존의 개선을 맛보게 하는 것이다.

획일화된 방식으로 교육받아 오면서 우리 학생들이 자신만의 가치 있는 모습을 구현하는 데 도움이 되는 지적 안목을 가지지 못했다면 외쳐야 한다.

"우리는 다르다."

나만 혼자 치열한 경쟁에서 살아야 하는 압박이 있었다면 따라서 어떻게 사는 것이 필요한지 경험하지 못했다면 외쳐야 한다.

"우리는 함께한다."

그리고 부질없는 비교의식에 사로잡혀 누적된 열등의식(learned helplessness)에서 벗어나지 못하고 있다면 외쳐야 한다.

"우리는 해낸다."

그럼 누가 도와주어야 하는가? 그것이 교수들에게 부여된 시대적 과제일 것이다. WPBL은 바로 이러한 학생들을 위해 대학수업 현장에 도입되었다. 그들의 생존을 위해 기성세대가 무엇을 할 수 있을까라는 고민은 결국 그들만의 생존의 과정을 지원해야 한다는 결론에 도달했다. 그리고 생존의 과정과 학습의 과정이 별개가 아니라는 사실에 근거했다.

기존 학교의 모습이 '업무 따로'와 '학교 따로'라는 따로 국밥의 관계를 전제로 했다면 WPBL에서는 학교수업에 현장의 업무를 가져오려고 한다. 왜? 원래 학습이란 삶의 현장에서 생존을 위해 인류가 개인 각자 또는 집단으로 해 오던 것이기 때문이다. 그런데 우리는 점차 대중교육이 보편화되면서 학교라는 특별구역을 설정하고 벽 안에서 개인을 잃게 되는 안타까움을 보아 왔다.

그래서 WPBL에서는 원래대로 돌리려 하는 것이다. 즉, 학교수업에서 벽을 허물고 학생들이 업무현장에 살아 있도록 하는 것이다. 그런데 학생들은 아직 업무를 하지 않는다. 그들은 돈을 벌기 위한 업무를 담당하지 않고 있다. 그럼 결국 그들의 업무현장이란 바로 그들의 일상과 학교생활이 현장이 된다. 자라나고 함께 웃고 떠들며 장난치며 시샘하고 뭔가 열심히 하는 이 모든 것이 그들의 업무이며 삶의 현장이다.

WPBL은 현장 문제중심의 학습활동이다

WPBL이 현장 중심이라는 것은 결국 학생들이 생존의 현장에서 부딪히는 각종 문제들을 수업으로 가지고 들어온다는 의미이다. '문제는 나쁜 것이다'라는 부정적 이미지를 벗어 던질 필요가 있다.

문제는 오히려 기회가 된다. 즉, 생존을 발전시킬 기회가 된다. 치열한 생존의 과정에서 문제를 대하는 태도와 자세에 따라 그들의 생존은 달라질 것이기 때문이다.

WPBL에서는 학생들이 스스로 그들의 생존을 위한 수많은 문제를 발견할 수 있도록 지원한다. 그 이유는 대학에서 배우는 지식이 그냥 덩어리 상태로 학생들 머릿속에 두서없이 쌓이는 것을 막기 위함이다. 세상에 대해 알아야 할 지식은 학생들의 머릿속에서 체계적으로 그리고 깊게 정착되어야 하는데 그 연결고리가 문제들이라고 본다.

문제는 대학에서 배우는 교과지식 내용과 학생들 개개인의 사전지식을 연결하는 맥락을 제공한다. 교수가 아무리 좋은 지식을 덤프트럭으로 전달해도 학생들은 답답하다. 왜? 그 지식들이 어떤 의미가 있는지 파악하기 어렵기 때문이다. 이는 배우는 지식과 관련된 맥락형성이 이루어지지 않을 때 나타나는 현상이다.

그런데 개인의 가장 중요한 관심사인 생존의 문제와 관련된 지식이라면 당연히 눈을 번쩍 뜨고 달려들 수 있을 것이다. 왜? 나의 생존에 필요한 것이니까.

대학수업의 내실화가 필요하다

지금까지 우리 대학에는 수많은 소위 수업모델이 소개되었다. 직접교수법부터 시작하여 문제중심학습(Problem-Based Learning: PBL), 액션러닝, 프로젝트 학습, 디자인 씽킹 수업, 목표 기반 시나리오(Goal Based Scenario), 플립러닝, 직소, 발견학습, 탐구학습 등등 다양한 수업모델이 저마다의 강점과 함께 제시되고 있다. 그러나 실제 현장은 어떤가? 대학마다 특강 형태로 소개되고 연수 프로그램을 통해 전파도 하면서 확산을 기대하지만 실제로 대학수업에 변화를 근본적으로 가져오지 못하는 이유가 무엇일까?

근본적으로 대학의 교수자들이 연구자로서 출발하기 때문이다. 초중등 교사들과는 다르게 대학 교수자들은 교사자격증이 없다. 기본적으로 어떻게 가르치는 것이 잘 가르치는 것인가에 대한 사전교육 없이 대학수업 현장에 투입된다. 연구를 잘하는 증거인 박사학위는 곧바로 잘 가르치는 자격으로 인식된다. 이는 물론 세계적으로도 마찬가지이다.

그런데 소위 세계적인 명문대학의 명강의들은 실체가 있다. 이는 명강의라는 이름에 맞게 교수들이 가르치는 것이 내실화되어 있다는 의미이다. 그러나 그렇지 못한 수업들에는 구호만 존재한다. 우리도 PBL(problem-based learning)한다 그런 식이다. 심지어는 대학 평가를 잘 받기 위해 수업에서 PBL을 한다는 표현을 하기도 해야 한다. 본말이 전도된 것이다. 실제로 교수가 자신의 교육목적을 달성하기 위해 좋은 수업을 고민하고 다양한 수업모델을 활용해야 하는데 그렇지 못한 것이다. 각종 특강을 통해 소개를 받아도 자신의 수업에서 그것을 어떻게 녹여내야 할지는 쉽지 않다. 그러니 수업의 실체가 무엇인지 불분명하게 된다.

실체가 없다는 말이 교수가 수업을 안 한다는 의미가 아니다. 수업을 한다. 그런데 학생들에게 자신의 수업이 어떻게 도움이 되고 있는지, 나아가서 제대로 도움이 되고 있는지에 대한 끊임없는 성찰과 개선의 노력이 필요하다는 의미이다. 그냥 교수자 자신들이 석사, 박사까지 하면서 경험했던 수업방식을 떠올리면서 그것을 흉내 내서 수업을 진행하면 자신의 수업이 학생들에게 어떻게 다가가는지 알아내기 어렵다. 그런 상황에서는 특강을 통해서 수업기법에 대한 몇 개의 아이디어를 얻어도 자기 수업의 근본적인 변화를 주지 못한다. 왜 그럴까?

그것은 학생들이 어떻게 학습하고 있는지 그리고 어떻게 학습해야 하는지에 대한 충분한 고민이 전제되지 않기 때문이다. WPBL이 등장하게 되는 이유가 바로 이것이었다. 학생들이 어떻게 학습하고 있고 어떻게 학습하는 것이 그들의 미래를 위해 가장 중요하고 좋

은 것인지에 대한 자각에서 시작되었으며 그것은 곧 '학습의 과정을 생존의 과정과 분리할 수 없다'라는 대전제를 취하게 되었다.

수업에서 다루어지는 지식들이 학생들의 삶의 문제와 연결되어 있음을 자각할 때 학생들의 학습은 자연적으로 발생할 것이고 또 그래야 한다는 것이 WPBL의 입장이다. 기존의 다양한 수업모델이 실제 수업현장에서 구호나 용어만 채용되거나 실제로 성과를 내지 못하는 이유가 바로 학생들의 생존과의 연계성 미흡이었을 수도 있다는 것이다.

예를 들어, 대학에서 많이 강조하는 PBL의 경우에도 그 취지와 활동 등 가능성이 많은 모델인데 가장 아쉬운 부분이 PBL 수업을 위해서 교수자가 문제를 만들어 제공한다는 점이다. 많은 일반 교수는 그 부분을 쉽게 생각하지 않는다. 나아가서 그렇게 만들어진 문제들이 어떻게 학생들에게 다가가는가를 살펴볼 필요가 있다.

학생들은 제시받은 문제를 우선 해석해야 한다. 교수자가 원하는 것이 무엇인지 파악해야 한다. 이러한 활동이 나쁜 것은 아니다. 그러나 놓치지 말아야 할 것은 교수에 의해 제시된 문제가 학생

들의 학습맥락 속에 자연스럽게 녹아들어 가야 하는데 실제로 쉽지 않다는 점이다. 실제성이라는 맥락을 중시하는 PBL에서도 그러한 문제가 발생한다.

나아가 교수가 만들어 주는 문제를 받아 풀어야 하는 학생들은 처음부터 문제를 대하는 데 수동적인 입장이 된다. 누군가 문제를 주면 나는 해결하며 공부한다는 전제는 치열한 생존의 현장과 맞지 않기 때문이다. 생존의 현장에서 문제는 학생 자신들이 찾아내야 한다. 그리고 자신의 생존에 도움이 되는 지식형성을 위해 스스로 학습이슈를 설정해야 한다.

WPBL을 학습모델이라 칭하는 이유 중의 하나는 다양한 다른 수업모델과 배척관계에 있는 것이 아니라는 점을 강조하기 위함도 있다. 즉, WPBL은 일종의 포괄적 용어(umbrella term)로 이해해도 좋다. 어떠한 유형의 수업모델을 활용하더라도 그것이 학생들의 생존 문제와 연결되어 진행된다면 WPBL인 것이다. 대학수업에서 중요한 것은 특정한 수업모델을 사용했는가 아닌가가 아니라 실제로 그 수업에서 학생들이 자신의 생존 문제 해결을 하는 데 어떠한 도움을 받았는가이기 때문이다.

WPBL을 대하는 학생들의 목소리

후기 01

"지금까지 우리는 중학교 그리고 고등학교 수업에서는 교사가 교사 본인의 수업진도 상태에 따라 수업을 했다. 그렇기에 그러한 교사들의 수업을 듣는 학생들은 수업현

장 속 교사의 속도에 맞춰서 올바른 답을 표기해 간다. 그것이 지금까지의 수업이었고, 우리들의 학습방법이었다.

하지만 안동대학교에 들어와 교육공학과 학생으로 수업을 듣게 되면서, 송상호 교수님의 수업을 접하게 되자 화학반응처럼 변화를 마주칠 수 있었다. 송상호 교수님은 학생들의 상태를 살펴보시면서, 학생들의 속도에 맞춰 수업을 진행해 주신다는 점을 한눈에 발견할 수 있었다.

이러한 나의 감상을 교수님께 말씀드리니, 교수님은 다음과 같이 말씀해 주셨다. 학생의 머릿속을 읽어라. 학생의 상태에 따라서 수업을 진행해야만 한다. 교육은 학생을 위한 것이다. 이것이 나의 교수 설계이다. 송상호 교수님의 수업의 한계점은 대체 어디일까. 감히 예상해 보자면, 한계란 존재하지 않을 수도 있다고 생각해 볼 수 있었다."

후기 02

"가장 주로 배운 점은 대학생의 학습방법이었던 것 같다. 지금까지 대학 입시를 위해 해 왔던 잘못된 학습습관들을 천천히 올바르고 효율적인 학습방법들로 전환하기 위해 교수님께서는 다양한 방법을 가르쳐 주시고 있다. 나 또한 고등학교 때까지 해 왔던 나의 학습습관을 바꾸는 것이 조금은 어렵지만 차근차근 고쳐 나가고 올바른 공부법을 배워 나가기 위해 매우 노력 중이다."

후기 03

"고등학교 때 겪어 온 수업방식은 주어진 지식만 내가 수동적으로 받아들이는 형식이었다. 하지만 문자해득교육론에서는 내가 학습이슈를 형성하고 교수님께 질문을 해도 답은 내게 오지 않는다. 오직 내가 스스로 찾아가야 한다는 것이다. 나는 이 점이 무엇보다 인상 깊었던 것 같다. 늘 교수자에게 질문하면 답을 얻곤 했는데, 그와 다르게 문자해득교육론에서는 교수님이 힌트만 줄 뿐이지, 그 질문과 학습이슈에 대한 해결은 본인이 스스로 찾아가야 한다. 이 수업방식은 내게 무엇이든 우선 스스로 찾아보려는 노력을 하게 되는 변화를 가져다주었다. 처음에는 어떤 정보를 어떻게 찾아야 하는지 많이 방황했던 것 같은데, 지금은 그 과정조차도 이 강의에서 내가 길러 갈 수 있는 역량 중의 하나라고 생각이 된다."

후기 04

"WPBL에서 배운 것은 '즉각적으로 행동할 수 있는 감각'을 키울 수 있었다. WPBL 수업을 통하여 실제 현장에서 즉각 대응하는 능력을 키웠으며, 직접적으로 지식을 전달받지 않고 씨앗뿌리기를 통하여 내가 직접 지식들을 키워 가니 그 지식들을 활용하기도 더 용이했다. 또한 WPBL에서는 탈학습에 대해서도 그 필요성을 크게 느꼈다.

2학년 1학기 이수 중인 다른 과목에서는 일방적인 강의식 수업이 있는데, 그 수업은 강의계획서를 무작정 따라가기 위해 진도를 압축하여 교수님의 일방적인 강의로 수업이 구성된다. 그런 일방적인 강의식 수업에서는 학생과의 상호작용도 적기 때문에, 학생이 수업을 잘 따라오고 있는지 확인을 확실하게 하지 않는다. 그렇기에 수업에서 참여 동기도 매우 적어진다.

하지만 WPBL은 지식을 능동적으로 확대시켜 가기 때문에 자연스럽게 수업에 참여하게 되며, 흥미를 잃기도 어렵다. 이처럼 이렇게 WPBL 수업에서는 지식의 참된 가치와 올바른 학습법에 대하여 크게 배울 수 있었다.

3차 노트로 학기를 마무리하고 있는 지금도 다른 A+를 받은 과목들의 내용들을 떠올려서 설명해 보라고 하면 이번 동기수업만큼의 설명을 할 수 없을 것 같다는 생각을 하고 있다. 안동대학교 교육공학과에 입학하여 1년 반이라는 길면 길고 짧으면 짧은 시간 동안 송상호 교수님께 WPBL 수업을 받으며 느낀 점은 그것이 학생 역량을 강화시킬 수 있는 아주 좋은 수업방식이라는 것이다.

배우는 과목마다 진출하는 직무마다 그 내용과 업무방식은 완전 같지는 않겠지만, WPBL이라는 수업방식은 어느 직무에서도 활용할 수 있는 '감을 키우는 능력'을 길러 준다. 또한 대학교 수업에도 최적화된 수업이라고 생각한다."

2장

프라임 아이디어

대학다운 수업방식이 필요하다

어떻게 학습하는가가 학생의 미래를 좌우한다. 학습이란 꾸준한 자기변화의 과정이다. 행동의 변화를 전제로 한 것으로 순간적·일시적 행동의 변화는 학습의 범주에 속하지 않는다. 학습을 한다는 것은 자신의 행동에 의도적으로 변화를 추구하는 과정이어야 하는데 우리 학교 현실에서 그렇지 못한 것은 매우 아쉬운 점이다.

학습의 방법 중에서 가장 지양해야 할 방법이 무의미하게 암기하는 것이다. 대학교수로서 가장 경계해야 하는 교수방법 중의 하나가 학생들에게 암기위주의 활동을 요구하는 것이다. 혹시 학생들의 성취를 기대할 수 없을 때 이것을 암기라도 해라라는 식의 접근을 시도한다면 다시 한번 자신의 교수법을 돌아보아야 한다. 대학수업은 지식을 암기하는 곳이 아니고 학생들이 자신의 지식을 만들어 가는 역동적인 장이어야 하기 때문이다.

암기위주의 학습이 필요한 시대도 있었고, 또 필요에 따라 지식 암기 자체가 중요한 경우도 있다. 우리나라가 한창 발전하고 있을 때는 산업현장에 급히 많은 인력을 투입하기 위해 중요한 내용을 확실하게 암기시켜 효율성을 높였다고 생각한다. 그것이 개발도상국 시대의 인재 확보 방법이었을 것이다.

그러나 지금은 교육적 가치를 지향하면서도 4차 산업 시대를 선도해야 할 인재를 양성해야 한다. 대학이 그러한 과거의 수업 패러다임을 극복하지 못한다면 학생, 대학, 국가 모두에게 부정적인 결과를 초래할 것이다.

우선 학생이 수업시간에 받아 적은 필기내용을 암기하여 학점을 따도 현장에서 제대로 된 업무를 하기 어렵다. 왜냐하면 사고가 습관화되지 않았기 때문이다.

대학수업 방법의 개선 없이 해당 교과나 해당 학과, 나아가 해당 대학의 존재 이유를 설명할 수 없다. 대학의 수업이 단지 지식을 암기하는 곳이라면 구태여 대학에 진학할 필요가 없기 때문이다. 학생들은 이미 수많은 통로로 지식을 접할 수 있다. 그러므로 암기위주의 수업을 많이 하는 대학은 서서히 존재 의미를 잃게 된다. 대학수업의 방법 개선이 대학의 존재 의미를 지탱하는 관건이 될 수도 있다는 의미이다.

국가도 마찬가지이다. 현재 우리나라의 많은 대학이 과연 4차 산업이 기대하는 인력을 양성하는 데 어느 정도나 전문성을 가지고 있는지 점검할 필요가 있다. 학령인구의 감소로 학생들은 줄어들고 있는데 수업방법을 개선해서 학생들의 진정한 발전을 도와주려는 노력보다는 오히려 입학생 수를 늘려서 대학 자체의 생존만을 고민하는 모습이 지금의 모습이 아닐까? 거기에다 수업방법은 기초학력도 부족한 학생들을 대상으로 암기위주의 수업으로 유지해 간다면 과연 그러한 대학들이 미래 국가의 발전에 기여할 수 있을까?

다음과 같은 학생의 절규를 한번 참조할 필요가 있다.

> "한마디로 생각의 자유가 없는 공부였다. 나의 의사와 상관없이 학교에서 정해 준 교과목을 배우며 칠판에 써 준 것을 베껴 쓰기 바쁘고, 시험에 나온다고 하면 밑줄 긋고 별표 치고 외우는 게 전부였다. 그때 나는 '누가누가 잘 외우나 대회'를 하는 것 같다고 생각했었다…….
>
> 중고등학교의 주입식 교육방법으로 업무 시 매뉴얼을 암기하여 그대로 적용하는 것은 수월했지만 더 나아가 사고를 요구하는 부분에 대해서는 정말 어려움이 많았다. 새로운 프로그램을 기획·운영하며 결과를 도출해 내고 환류하는 것까지의 모든 업무과정에서 나의 사고를 요구하였다. 그러나 그런 사고를 이끌어 내는 것이 익숙하지 않았던 나는 항상 한계에 부딪힐 때가 많았고 자존감도 많이 낮아지게 되었다."

프라임 아이디어는 자신이 파악한 핵심 포인트이다

프라임 아이디어란 암기식 수업의 한계를 극복하게 하는 기본적인 개념이다. 즉, 수업에서 프라임 아이디어를 중시한다는 것은 학생들의 머릿속에 자신만의 작품을 키워 나가는 것이 필요하다는 것을 의미한다. 즉, 학생들은 나만의 지식이라는 작품을 키워 나가야 한다. 그런데 머릿속에 수많은 파편 같은 정보들만 가득 찬다면 학생들은 사고에 어려움을 느끼게 된다. 앞서 언급한 학생의 사례에서처럼, 스스로 알아서 사고하는 것이 어려워 현장 업무에서도 제대로 일을 하지 못한다. 그리고 쉽게 잊어버리며 얼마 지나지 않아 무엇을 배웠는지도 모르게 된다. 이 상태에서는 가지고 있는 지식들이 생존에 도움이 되지 않는다. 프라임 아이디어처럼 학습자의 인지구조에 깊이 자리 잡지 못하기 때문이다.

프라임 아이디어란 학습해야 할 교과내용에 대해 학습자의 현 수준에서 가지게 되는 자신만의 핵심 포인트라고 할 수 있다. 여기서 중요한 것은 현 수준이란 점이다. 특정 내용에 대한 프라임 아이디어는 시간이 흐르면서 경험이 증가하면서 점점 변화하여, 즉 정교하게 발달하게 된다. 따라서 어느 시점에서 학습자가 특정 내용에 대해 가지는 프라임 아이디어는 그 학생의 그 시점에서의 실력 수준을 의미한다.

기존의 이론에 따르면 프라임 아이디어는 브루너(Bruner)의 지식의 구조라고 이해할 수도 있을 것이다. 그러나 지식의 구조가 해당 학문의 핵심 개념들이라면, 프라임 아이디어는 지금 이 순간에 학생의 머릿속에 떠오르는 자신만의 핵심 포인트라는 점에서 그 차이를 생각할 수 있다.

다른 말로, 프라임 아이디어는 아무리 그것이 초라하고 허술해

보여도 그 학생에게는 최선의 현재 자기 지식이라는 것을 이해해야 한다. 그렇게 서로 다른 프라임 아이디어를 가지고 있는 학생들이 한 교실에서 학습을 하고 있다는 점도 교수자는 이해해야 한다. 교수자가 가지고 있는 프라임 아이디어만이 정답으로 취급되어서는 안 되며 단지 미숙한 학생들보다 좀 더 전문적이고 앞서 나간 그리고 비교의 대상이 될 만한 교수자의 핵심 포인트일 뿐이라고 이해되어야 한다.

WPBL을 통해서 프라임 아이디어가 발전되어 갈수록 점점 더 확고하게 자신의 인지구조 속에 체화되어 정착하게 된다. 처음에는 무슨 의미인지도 모르는 어설프게 보이는 프라임 아이디어일 수 있지만 발전을 통해서 좀 더 핵심이 분명하고 간결해지며 의미 있게 학생의 인지구조에 융합되어 들어가기 때문이다. 이는 오랫동안 잊히지 않고 해당 학생의 사고와 안목을 지배하며 영향을 미친다는 의미이다. 사실 이러한 특징은 최고의 수업들이 지향하는 수업활동의 목적이기도 하다.

예를 들어, 교육이 무엇인가라는 개념을 논의할 때 '교육은 가르치고 배우는 것이다.' '교육은 선생님이 학생들을 이끌어서 뭔가를 알게 하는 것이다.' '교육은 새로운 것을 알고 써먹을 수 있도록 하는 것이다.' 등의 다양한 견해가 '정의'의 수준에서 제시될 수 있다. 일단 이러한 견해들이 학생들의 현 수준 최선의 핵심 포인트라면 모두 프라임 아이디어라고 할 수 있다. 즉, 어떤 것이 정답이라는 절대적인 것이 아니라 서로의 견해를 존중하는 상대적인 의미로 프라임 아이디어를 생각하면 된다.

중요한 것은 이러한 최초의 프라임 아이디어들이 서서히 발전하면서 해당 교과내용의 핵심을 건드리기 시작하며, 나아가 간결하게 그리고 압축적으로 표현되기 시작한다는 것이다. 교육이라는 개념에 대해, 예를 들어 나의 프라임 아이디어는 '가치 있는 만남' '공감의 과정' '소통'과 같은 식으로 점차 간결하게 가장 핵심을 학생들이 건드리기 시작하게 된다. 그것은 곧 학생들의 프라임 아이디어가 좀 더 깊이 있게 인지구조에서 자리 잡게 되는 것을 의미한다.

필자는 교육에 대한 프라임 아이디어로서 '교육이란 타인의 타인에 대한 가치 있는 영향력의 행사'라고 학생들에게 제시한다. 이것은 프라임 아이디어를 '정의'의 수준에서 진술한 것이라고 할 수 있다. 교육에 대한 중요한 포인트들을 모아서 정의한 것인데, 이것이 프라임 아이디어라면 너무 길지 않은가라는 질문이 가능하다. 필자의 견해는 정의 수준의 진술도 프라임 아이디어이지만 그 정의 속에서 더욱 핵심적인 것을 뽑아내어 간결하게 진술해도 프라임 아이디어라는 상대적 입장이다.

예를 들어, '가치 있는 영향력'이 될 수도 있고 이것을 더 압축하여 '생존'이라고 선언할 수도 있다. 생존에 도움이 되지 않는 가치 있는 영향력은 없다는 생각을 가지게 된다는 것이다. 중요한 것은 이렇게 최고도로 압축된 프라임 아이디어는 그것을 생성한 자신, 즉 이 경우 필자의 머릿속에서 깊이 있게 연결되어 앞으로의 사고와 행동을 지배하게 된다는 것이다. 즉, 필자는 교육의 모든 것을 '생존'이라는 단어 하나로 접근하며 사고하고 행동하게 된다는 것이다. 따라서 처음의 정의 수준에서 진술된 '교육이란 타인의 타인에 대한 가치 있는 영향력의 행사'라는 프라임 아이디어가 시간이 지나가면서 잊히더라도 '생존'이라는 단어만큼은 필자의 머릿속에 강하게 남아 있을 가능성이 높다.

1. 프라임 아이디어의 형성

프라임 아이디어는 '깊이 있는 학습자'를 지향한다

프라임 아이디어는 누구나 언제나 가지고 있다고 이해하는 것이 좋다. 상대성이론을 처음 배우는 학생은 '프라임 아이디어가 없을 것이다'라는 생각보다 아무리 초등학생이라도 '뭔가 머릿속에 있을 것이다'라는 가정을 하는 것이 필요하다. 단지 그것이 의식을 통해서 언어적으로 표현되지 않았을 뿐이다. 이러한 접근이 프라임 아이디어 발전의 출발점이 된다.

상대성이론에 대해 처음 듣는 학생이 아무것도 모른다고 할 때 그는 이미 상대성이론에 대한 백지상태의 프라임 아이디어, 즉 가능성의 아이디어를 가지고 있다고 생각하는 것이 필요하다. 처음 들었지만 '그게 뭐지?' 하면서 의문이 들었다면 이제 프라임 아이디어가 시작되고 있는 것이다. 의문은 사실 모든 자연스러운 학습의 시작이 된다. 이러한 가정을 하면 그다음 단계는 그 백지 위의 가능성에 변화를 주는 것인데, 좋은 수업이란 바로 그러한 역할을 하는 수업인 것이다.

백지상태의 가능성이라는 프라임 아이디어는 말로 표현되지는 않지만 학생 자신만이 느끼는 직감적 본능(gut reaction)의 상태일 수도 있고, 따라서 해당 학생은 그냥 떠오르는 대로 발설하도록 유도하는 것이 중요하다. 뭔가 떠오른다는 것도 바로 사고의 시작이기 때문이다.

학생 개개인이 가지는 프라임 아이디어를 존중하면서 그들이 직

접 자신의 프라임 아이디어의 한계가 어디까지인가에 부딪치게 하는 방법이 가장 좋은 사고중심 수업방식이라고 할 수 있다. 즉, 스스로 학습이슈를 찾아보도록 기회를 제공하는 것이다. 이는 소위 '깊이 있는 학습자'로 발전하게 한다. 깊이 있는 학습자는 새로운 지식을 접하면서 자신의 기존 인지구조에 변화를 가져오는 학습을 한다. 단순히 피상적으로 단어들을 암기하거나 하지 않고 근본적인 변화를 추구한다. 자신에게 필요한 학습이슈가 무엇인지 자기주도적으로 결정하는 과정을 경험한다.

수업에서 학생들의 프라임 아이디어가 작동하는지 아닌지를 알게 하는 방법은 그들의 언어로 표현하게 하며 경청해 주는 것이다. 학생들은 말을 하는 과정에서 또는 글을 쓰는 과정에서 자기 아이디어의 모순을 파악하게 되고, 보다 완결성 있는 프라임 아이디어를 추구하게 된다. 그리고 그 과정은 자신의 인지구조에 변화를 주는 과정이므로 교수자의 역할은 기다리고 대화하며 피드백해 주는 것이라고 할 수 있다.

2. 프라임 아이디어 활용 수업

교수자 자신의 프라임 아이디어 엄선 없이는 수업 성공이 어렵다

대학수업에서 교수자가 강의를 계획함에 있어서 제일 먼저 해야 할 것은 자신이 알고 있는 교수자만의 프라임 아이디어를 엄선하는 것이다. 15주차 전체 학기에 다루어질 내용을 꿰뚫어 보면서 수많은 키워드를 점검하고 궁극적으로 그 학기에 가르칠 키워드들에 대한 프라임 아이디어를 엄선하고 배열해야 한다. 교재에 적혀 있는 표현을 그대로 사용할지, 아니면 나만의 언어로 패러프레이징할 지는 전적으로 교수자의 몫이다.

대학교수는 전공 학문분야의 전문성을 가지고 있는 것으로 인정되는 직업이다. 그러나 이는 곧 하나의 함정을 의미하는데, 본인의 내용 전문성이 아무리 높아도 수업 상황에서 학생들에게 내용의 핵심을 공유하는 데 항상 성공하는 것은 아니라는 점이다.

따라서 대학교수는 자신의 내용 전문성을 바탕으로 학생들이 접근 가능한 수준에서 프라임 아이디어들을 엄선하여 표현할 수 있어야 한다. 모든 것을 다 가르치려고 할 필요가 없고 또 그럴 수도 없다. 그것은 단지 교수자의 욕심일 뿐이거나 강의계획서상 진도에 급급한 모습일 수 있다. 대학에서 수업이 성공하지 못한다는 것은 다른 말로 학생의 탓이 아니라 교수자의 프라임 아이디어 도출 실패 때문일 수 있다는 것을 인식할 필요가 있다.

일단 해당 교과의 프라임 아이디어 선별이 완료되면, 교수자는 한 학기 강의의 주차별 흐름을 설계하면서 프라임 아이디어의 제시 순서를 고려해야 한다. 이 부분이 많은 교수자가 놓치는 부분이기도 하다. 대개 강의계획서를 작성할 때 교재의 챕터 순서를 따르는 경우가 많다.

여기서 교수자가 간과하는 것은 교재의 챕터 순서는 대개 교과내용 구조의 계열을 따르고 있다는 점이다. 교과내용 간의 정합성은 완벽하여 문제가 없다고 할지 모르지만 가르치는 교수자와는 다르게 처음 배우는 학생들은 내용과 내용 간의 관계를 파악하기가 쉽지 않다. 왜냐하면 아직 그들의 머릿속에는 해당 학문내용에 대한 프라임 아이디어가 백지의 가능성 상태이거나 어설픈 상태로 존재할 것이기 때문이다.

따라서 교수자가 1주차부터 프라임 아이디어의 전개를 그려 보면서 주차별 내용 배치를 다시 설정해야 하는데, 이는 곧 교재의 챕터 순서가 아니라 학습자의 학습순서를 고려한 재배열을 의미한다. 주차별로 프라임 아이디어들이 체계적으로 배열되어 있을 때 좋은 수업의 가능성이 커지는데, 그것은 교수자가 이미 교과내용의 순서를 학습자의 이해 순서에 비추어 계열화하기 때문에 가능한 것이다.

프라임 아이디어를 중심으로 학생들과 호흡하는 수업에서는 교수와 학생이 서로 파트너가 된다. 단지 먼저 알고 있는 교수자의 프라임 아이디어가 보다 전문적일 수 있다는 것 외에는 차이가 없다. 학생들은 동료 학생이나 교수자의 프라임 아이디어를 자기 것과 비교하면서 핵심을 파악하고 자기만의 프라임 아이디어를 발전시켜 간다. 이때 교수자의 역할은 학생의 발전단계를 보아 가며 점차 단계적으로 지원을 줄여 가는 스캐폴딩을 하는 것이다. 청출어

람은 여기서 발생할 수 있다. 그것은 교수자의 보람이며 기쁨이 된다. 내가 가르치는 학생들이 나를 능가하기 시작한다면 그 이상의 기쁨은 없을 것이다.

프라임 아이디어를 학생들이 떠올려서 발전시켜 가는 데 있어서 활용할 전략들은 다음과 같다.

① 키워드들을 제시하고 의미를 생각해 보게 한다.

② 조사활동의 기회를 주고 스스로 키워드들의 의미를 파악하게 한다.

③ 학생들에게 키워드에 대한 각자의 프라임 아이디어를 발표하게 한다.

④ 발표된 프라임 아이디어에 대해 비판할 기회를 준다.

⑤ 그룹으로 프라임 아이디어에 대한 토론 기회를 준다.

⑥ 다시, 개선된 프라임 아이디어를 발표하게 한다.

⑦ 프라임 아이디어 발표가 어느 수준에 이르면 교수자의 프라임 아이디어를 공유하거나 힌트를 주어 다시 생각하게 한다.

⑧ 매 주차에 형성되는 자신의 프라임 아이디어를 2차 노트에 작성하며 학생 스스로 발전 추이를 파악하도록 한다.

3. 프라임 아이디어 활용 수업 후기

후기 01

"이번 주 수업을 듣기 전까지의 학습에 대한 프라임 아이디어는 '경험을 통해 행동이 변화되는 것'이라고 정의했다. 이번 주 수업을 들으면서 학우들과 교수님의 프라임 아이디어를 접할 수 있었다. 여러 사람의 프라임 아이디어를 접하면서 나와 비슷한 프라임 아이디어를 지닌 사람도 있었지만, 내가 생각하지 못한 프라임 아이디어를 지닌 사람도 있었다. 이를 통해 나의 생각의 폭을 넓힐 수 있었으며, 나의 학습에 대한 프라임 아이디어를 발전시킬 수 있었다.

그중에서도 '자신' '과정'이라는 키워드를 나의 프라임 아이디어에 추가해야겠다는 생각이 들었다. 그래서 학습에 대한 프라임 아이디어를 '경험을 통해 스스로 습득하여 행동이 변화되는 과정'이라고 발전시켜 보았다. 우선 '자신'이라는 단어를 추가한 이유는 학습은 교육과 달리 타인이 하는 게 아니고, 자기 자신이 해야 하는 것이기 때문이다. 그래서 '스스로 습득하여'라는 문구를 추가했다.

여기서 '습득'과 '행동 변화'를 같이 사용한 이유는 다음과 같다. 습득은 배워서 자신의 것으로 만드는 것이다. '자신의 것으로 만든다'는 것은 머릿속으로만 자신의 것으로 만들 수 있기 때문이다. 즉, 습득만 하면 외현적인 행동 변화가 나타나지 않을 수도 있다고 생각한다. 그렇기 때문에 '습득'과 '행동 변화'를 함께 사용하여 나의 프라임 아이디어를 발전시켜 보았다.

그리고 '과정'을 추가한 이유는 내가 이전까지는 학습을 결과로만 본 것 같기 때문이다. 결과만이 학습은 아니다. 실질적으로 행동이 변화되는 과정 모두가 학습이기 때문이다. 그래서 결과만이 아닌 행동이 변화되는 모든 과정을 학습이라고 생각했기 때문에 '과정'을 나의 프라임 아이디어에 추가해 보았다."

후기 02

"처음부터 전문성을 가진 교수님의 지식을 배웠다면 그저 그대로 따라 했겠지만, 그렇지 않고 내가 설정한 프라임 아이디어를 동기들과 공유하면서 확인하고, 교수님의 프라임 아이디어와 내 것의 공통점과 차이점을 분석하여 더욱 올바른 방향으로 나아갈 수 있다는 WPBL의 방식이 단지 지식을 습득하는 것에서 더 나아가 나만의 지식을 형성하고 connecting을 시도한다는 것이 너무 좋았다."

3장

문제인식

알아서 움직이는 인재가 필요하다

신입사원이 입사를 했다. 소위 스펙도 좋고 나름 성실하며 면접에서도 좋은 평을 받아서 당당히 입사하였다. 어느 날 회사에 그 신입사원의 해당 업무와 관련된 중요 비즈니스 손님 두 분이 찾아왔다. 사장님은 반갑게 미팅룸으로 모시고 신입사원에게 혹시 시간이 되면 사과 하나 준비해서 회의에 함께 참석하자고 부탁하였다. 신입사원은 동의하였고 사장님은 손님과 먼저 인사말을 나누며 미팅을 시작하고 있었다.

5분 후 신입사원은 접시에 사과 한 개를 담아서 과도와 함께 가지고 들어왔다. 순간 사장님은 당황하면서 신입사원을 바라보았다. …… 회의가 완료되고 손님이 떠나신 후 사장님은 신입사원을 불렀다. 사과를 준비하라고 했는데 접시에 사과 한 개만 가져온 이유가 무엇인가라고 물어보았다. 순간, 신입사원은 당당하게 이렇게 말했다.

"사장님께서 사과 한 개 준비해서 가져오라고 하셨는데요."

이 가상의 사례가 지나치게 과장되어 있다고 할 수 있다. 그러나 이 상황이 시사하는 것은 꼭 4차 산업 시대를 언급하지 않더라도 인재를 양성함에 있어서 스스로 알아서 움직이는 인재가 왜 필요한가이다.

문제인식(problem sensing) 역량을 갖춘 신입사원이었다면 보다 적극적으로 내 업무와 관련된 중요한 손님이 오셨네, 그들이 어떤 입장을 제시할까라고 궁금해하고, 사장님이 사과 한 개를 준비하라고 하시네, 그런데 두 분인데 한 개로 될까, 사과 말고 혹시 손님들이 더 좋아할 만한 과일이나 더 준비할 것은 없을까, 그리고 과일은 어떤 모양으로 깎아야 손님이 편안하게 즐기면서 궁극적으로 오늘 회의에서 우리 회사에 도움이 되도록 할까 하는 내적 질문을 하지 않았을까 생각된다.

혹시 해당 신입사원이 사과를 준비하는 것은 내 업무가 아닌데 내가 사과나 준비하려고 취업한 것은 아닌데 하면서 부정적인 태도를 가질 수도 있다. 또는 사장님이 지시를 좀 더 구체적으로 했어야 한다고 이의를 제기할 수도 있다. 그것은 해당 신입사원이 어떻게 받아들이는가의 문제이며 여기서 그것이 맞고 틀림을 언급하고자 할 의도는 없다.

우리의 대학교육에서 이러한 신입사원의 사례를 참고한다면, 중요한 것은 어떠한 인재로 양성해야 하는지 교수자마다 자신의 교육철학을 분명히 하고 자신의 수업 내실화에 집중해야 한다는 것이다.

어떻게 보면 웃음뿐이 안 나오는 허구의 사례라고 치부한다고 하더라도, 혹시라도 지시만 기다리며 "사장님이 한 개 준비하라고 하셨는데요."라고 스스로의 행동을 정당화하는 인재를 우리 대학 수업에서 양성해 가고 있는 것은 아닌지 한 번쯤은 돌아보는 지혜가 필요할 것이다.

1. 문제인식의 차원

문제는 기회이다

학습모델 WPBL에서는 학생들이 현장문제를 파악하면서 동시에 자신만의 방식으로 문제해결안까지 자연스럽게 떠올리도록 하는 것이 궁극적 목적인데, 이러한 역량을 종합적으로 문제인식 역량이라고 개념화한다. 대학에서 문제를 파악하고 그에 대한 해결안을 개발하는 연습이 필요한 것은 학생들의 생존을 보장하고 질적으로 발전시키기 위한 것이다.

WPBL에서 지향하는 인재는 주어진 문제만 잘 해결하는 한계를 극복하여 궁극적으로 인류사회의 가치발전에 공헌하는 새로운 문제를 창출할 수 있는 인재이다. 이는 문제를 고통거리, 문젯거리로 보는 부정적 관점을 넘어 오히려 문제를 기회로 보고 가치를 향상하는 핵심 기제로 개념화한다는 의미이다.

WPBL에서는 세 가지 차원의 문제인식을 함께 고려한다.

- 1차원 문제인식: 발생한 문제를 즉시 인지하고 원인과 해결책을 구안하는 역량
- 2차원 문제인식: 발생할 문제를 예측하여 예방책이나 개선책을 구안하는 역량
- 3차원 문제인식: 새로운 가치를 지향하는 문제를 창출하고 실현방안을 구안하는 역량

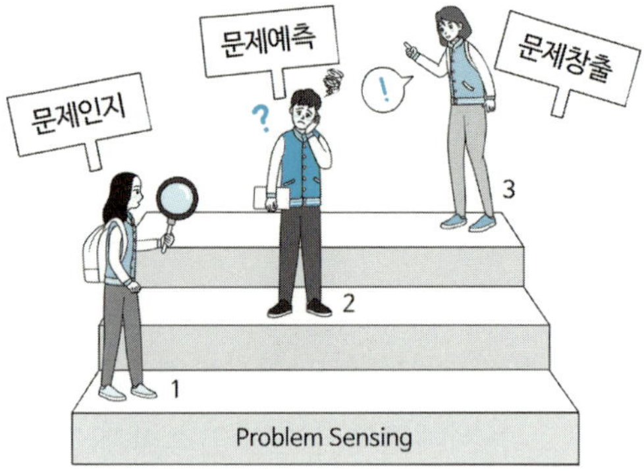

1차원 문제인식 역량은 지금 당장 발생하고 있는 문제들을 파악하는 역량으로서, 문제가 발생했는데도 문제인지를 못하고 어떻게 해결할지 모르는 상황에 필요한 역량이다. 평소 문제해결 경험이 없거나 문제를 파악할 줄 모른다면 결국 부정적 손해가 본인의 삶에 닥칠 것이다. 기존 요구분석 관련 문헌에서 말하는 발생문제 해결에 필요한 역량이다. 발생문제는 결과적으로 개인이나 조직의 생존과 성장에 부정적인 영향으로 나타난 것을 말하며 당장 해결이 필요한 문제로서 부정적 영향의 경중에 따라서 선택적으로 해결을 시도하게 된다.

1차원 문제인식 역량을 갖춘 인재는 우선 자신의 삶이나 업무현장에서 발생하는 수많은 일에 대해 민감하게 반응할 수 있게 된다. 평소 현장을 유심히 파악하면서 뭔가 이상하다, 불편하다 느끼면서 동시에 직관적인 해결안을 떠올리게 되므로 업무 수행력이 향상될 수 있을 것으로 기대되는 것이다.

왜냐하면 현장에서 자신에게 일어난 교통사고, 성적 하락, 결석 증가 등의 결과를 접했을 때 문제임을 직감하고 그동안 쌓은 역량을 동원하여 원인을 파악하고 그것을 제거하는 해결안을 신속하게 가동할 수 있기 때문이다. 이러한 역량은 특히 조직의 성과가 중요한 기업에서 반드시 필요하므로 대학에서 미리 이러한 방식의 교육과 학습을 통해 역량을 향상한다면 그만큼 개인과 조직의 성과가 향상될 수 있을 것이다.

2차원 문제인식 역량은 현재는 결과로서 문제가 발생하지 않았지만 앞으로 발생할 문제를 미리 감지하고 대응하는 상황에서 필요한 역량이다. 이러한 역량이 특히 필요한 것은 기업의 업무현장에서 이러한 역량이 발휘되면 그만큼 손해를 줄이고 나아가 성과 향상을 기대할 수 있기 때문이다. 이는 일종의 미래문제 해결에 필요한 역량이다. 미래문제란 현재는 아무런 결과적 미흡이나 손해, 기준 이탈이 나타나지 않지만 앞으로 그러한 결과들이 나타날 것으로 예상되는 문제이다. 예를 들어, 한 식당의 주인이 장사가 잘되어 밤 11시까지 혼자 일을 열심히 해서 매출을 지난달에 비해 2배로 올렸다고 하면 지금은 식당의 성과가 높으므로 문제로 보이지 않는다. 그러나 2차원 문제인식 역량을 갖춘 눈으로 보면 식당을 혼자 운영하는 것으로 보아 주인이 무리하여 건강이 나빠질 수 있고 따라서 그 식당은 매출이 급감할 수 있다는 예측을 할 수 있다.

WPBL에서 2차원 문제인식 역량을 향상하려는 것은 결국 미래에 발생할 문제를 예측하여 지금의 행동들에서 관련 원인들을 찾아내어 미리 제거하고 결국 문제가 발생하지 않도록 예방하기 위한 것이다. 아마도 이것은 조직 경영자라면 누구라도 기대하는 인재의 모습일 것이다. 이러한 인재는 대학에서 단지 주어진 문제로만 교육받은 인재와는 다르게 업무를 수행할 것이다.

2차원 문제인식 역량에는 미래문제를 예방하는 역량 유형과 함께 개선하는 역량 유형도 있다. 그것은 지금은 문제가 없지만 안

주하지 않고 좀 더 나은 결과를 도출할 포인트를 찾아내는 역량이다. 이는 기존의 요구분석 관련 문헌에서 언급되기도 하는데, 예를 들어 현재 하루 100개를 팔고 있는 찐빵 집에서 어떻게 하면 하루 150개를 팔 수 있을지 결과를 개선하기 위해 150개로 증산했을 때 영향을 주는 요인들을 미리 파악하고 처방하는 역량이라 할 수 있다. 즉, 현황의 개선, 개량 등을 시도할 줄 아는 역량으로서 이러한 2차원 문제인식 역량은 미래의 결과를 긍정적으로 개선하는 역량이라고 할 수 있다.

3차원 문제인식 역량은 과거 및 현재의 삶이나 업무와 관련이 없지만 미래에 중요하게 다루어질 가치를 전제로 새로운 아이템을 창출하는 역량이다. 이때 아이템이란 미래의 인류에게 가져올 긍정적 삶의 가치를 주는 아이템으로 특히 4차 산업 시대에 필요한 역량이다.

예를 들면, 날개 없는 선풍기, 아이폰 등의 아이템은 현재의 안정된 판매에 안주하지 않고 미래의 가치를 혁신과 함께 그려 낸 아이템들이다. 이러한 아이템을 미리 인식하고 해당된 요인들을 점검하여 준비할 수 있는 인재는 3차원 문제인식을 할 수 있는 역량을 가지고 있는 것이다.

3차원 문제인식이 중요한 것은 인간의 삶의 방식의 변화를 꿰뚫고 있는 안목이 필요하기 때문이다. 논리적 · 분석적 접근과 동시에 통합적 · 휴리스틱적 접근을 할 수 있는 역량으로서 기존의 요구분석 관련 문헌에서는 설정문제로 개념화하였다.

예를 들어, 알래스카에서 냉장고를 파는 신시장 개척, 실버 세대를 위한 실버산업 등 겪지 못한 상황을 가정하고 거기서 바람직한 상태를 설정하고 거기에 영향을 주는 요인들을 분석하여 지금부터 준비해 가는 역량으로서 기업의 입장에서는 최고의 연봉으로 대우받는 인재들에게 필요한 역량일 것이다. 이를 WPBL에서는 문제창출 역량이라고 개념화한다.

학생은 문제발견의 주체이다

이상에서 살펴본 1차원, 2차원, 3차원 문제인식 역량은 공통적으로 모두 문제에 대하여 발견의 입장을 취한다는 것이다. 1차원 문제인식 역량은 현재 발생하고 있는 문제인데 그것도 인지하지 못하거나 아니면 회피해서는 안 된다는 의미에서 발견한다고 표현하고 있다. 이를 문제에 대한 현재적 발견이라고 표현해 볼 수도 있다.

이미 문제가 발생하여 나쁜 결과를 주고 있는데도 능동적으로 대처하지 못하므로, 그것은 개인이나 조직의 생존에 치명적일 수 있다. 결과적으로 나쁜 영향을 받고 있는 상황인데 문제가 발생한 지도 모른다면 개인은 물론이고 해당 조직의 경영자도 매우 심각한 스트레스를 겪게 되고 조직은 희망이 없게 된다.

우리 대학에서 이러한 인재들이 양성되어서는 안 되는데 지금처럼 혹시라도 지식을 수동적으로 받아들이고 시험을 보는 것에만 익숙한 인재 양성을 극복하지 못한다면 우리 학생들은 미래 사회에 대처하기 어려울 것이다. 따라서 1차원 문제인식 역량은 그 자체로 모든 학생에게 필수적인 역량일 것이다.

2차원 문제인식 역량에서는 문제발견의 의미가 보다 적극적인 예견적 발견의 의미를 가진다. 1차원 문제인식 역량과 달리 결과가 문제로 나타나지 않았는데도 앞으로 문제가 발생할 것을 예측하여 예방하거나 개선을 하려는 역량이므로 문제발생 이전에 문제를 미리 파악하는 역량이 된다.

WPBL의 2차원 문제인식에서 문제는 두 가지 유형인데, 하나는 바람직한 상태와 미래에 발생할 부족한 상태 간의 예측된 갭으로서 예방의 대상이 되는 예방문제이며, 다른 하나는 미래 개선된 상태를 예측하여 설정하는 갭, 즉 개선의 대상으로서 개선문제이다.

업무현장에서 미래 상황을 준비하며 예방문제나 개선문제를 찾아서 대비할 수 있는 인재들이 가득하다면 그 조직이 생존하고 발전할 가능성은 더욱 커질 것이다. 대학교육이 존재하고 기여해야 하는 이유가 있다면 이러한 인재를 적극적으로 정성들여 키울 때 그것이 정당화될 수 있다.

대학에 학생들이 줄어든다고 걱정만 하기보다 우리 대학에 많은 학생이 더 몰려올 수 있도록 해야 하는데, 대학은 그들에게 미래의 업무역량 향상을 분명히 약속하고 그 달성을 위해 노력해야 한다. WPBL은 그러한 대학을 위한 학습모델이라는 입장이다. 앞의 사과 이야기 사례에서 보듯이 2차원 문제인식 역량은 1차원 문제인식 역량보다 한 단계 높은 차원의 역량이라고 할 수 있으며 모든 구성원이 2차원 문제인식 역량으로 충만할 때 개인과 조직은 동시에 발전할 수 있을 것이다.

3차원 문제인식 역량에서는 2차원 문제인식 역량보다 한 단계 더 높은 차원의 문제발견을 지향한다. 사실 발견이라는 단어를 쓰지만 실제로는 없었던 가치를 창출해 가는 역량과 관계된 것이며, 다소 과장을 하자면 '무에서 유를 창출'하는 시도라고도 할 수 있다. 인간이 기존의 관습과 편안함의 관행에서 벗어나 새로운 가치를 찾아내는 것은 쉬운 일이 아니다. 그러나 4차 산업 시대의 인재에게는 기대가 되는 역량이다.

빠른 추격자(fast follower)를 추구하는 개발도상국의 인재의 모습으로는 우리나라는 더 이상 발전이 어려운 세계적 경제구조에 처해 있다. 따라서 우리나라 대학들이 시장 선도자(market creator)의 역량을 향상시키는 것이 시급한데, 그러한 과업에 얼마나 준비되고 내실 있는 교육을 하고 있는지 돌아볼 필요가 있다.

학습모델 WPBL에서는 3차원 문제인식 역량 향상을 최고 차원의 교육목적으로 지향하며 WPBL 모델의 전 과정에서 학생들에게 끊임없는 사고를 요구한다. 3차원 문제인식 역량 향상을 위해서는 논리적 · 분석적 사고에 더하여 인문학적 풍부성이 강조되며 직관(intuition), 나아가 통찰(insight)이 통합적으로 작동할 수 있는 대학 수업의 내실화가 필요하다.

2. 문제인식 활용 수업

문제는 학생 스스로 현장에서 찾는다

문제인식 역량의 향상을 위해서는 학생들을 해당 교과내용과 연계된 생활, 즉 현장 속의 문제들에 관심을 가지도록 유도해야 한다. 교수자는 자신이 가르치는 교과내용과 가장 관계 있는 현실 삶 속의 문제들을 예시로 들고 지금 배우고 있는 교과내용이 학생들의 실제 삶에 연결되어 있다는 것을 인식하도록 할 필요가 있다.

처음에는 문제가 뭔지 관심도 없었고 그냥 너무도 당연한 것들이 그들 삶의 현장에서 문제였다는 것을 인식하기 시작하면서, 학생들은 교과내용에 대해 진지해지기 시작한다. WPBL의 강점은 여기서

부터 시작된다. 교실에서의 교과내용이 학생들의 머릿속에서 그들의 삶와 연계되기 시작한다는 것은 맥락이 형성된다는 의미이다.

맥락의 실제성은 학생들의 삶 그 자체에서 가장 높다. 따라서 교수–학습 활동이 그들 삶 속에서의 생존과 관련되어 전개될 때 가장 실제성이 높다. 예를 들어, 기업에서의 교수–학습 활동의 경우 실제성은 업무현장의 업무활동 자체가 교수–학습 활동일 때 가장 높다. 소위 액션러닝(action learning)의 출발점은 바로 업무현장이었고 실제성이 가장 높은 기업교육 방법이었다고 할 수 있다. 그러나 WPBL에서는 액션러닝을 그대로 답습하지는 않는다. 원래 취지와는 다르게 실제 현업에서의 액션러닝은 단지 기업문제 해결을 위한 태스크포스와 구분되지 않았다고 보기 때문이다.

특히 기업의 성과와 문제해결 자체를 강조하다 보니 학습자들이 스스로 문제를 파악하는 과정을 소홀히 한 측면이 있다. 즉, 학생들의 머릿속에서 어떠한 역량이 향상되어야 하는지에 대한 관심은 높지 않았다고 할 수 있다. 단지 능동적으로 수행하여 기업 성과의 향상에 기여하고 그 과정에서 지식도 학습되는 것 정도로 이해되었다고 할 수 있다.

기업교육의 경우, WPBL에서도 액션러닝과 같이 현장의 문제를 중시하지만 기업의 CEO가 최종 결정해 주는 문제를 해결하는 과정에서의 학습뿐만 아니라 학습자가 자신의 업무를 수행하는 과정에서 스스로 문제를 자연스럽게 찾아내고 그 문제의 타당성을 점검하여 해결해야 할 문제를 제안해야 한다는 점에서 다른 점이 있다. 액션러닝과는 다르게 WPBL에서는 오히려 이러한 역량 향상이 업무현장에서 상시적으로 이루어지도록 정착시키는 데 관심이 있다.

즉, 학습자가 당면하는 그들 삶 속에서의 문제를 스스로 발견하

고 그 가치를 자연스럽게 판단할 수 있는 역량 자체가 중요하기에 대학수업에서 실시하는 WPBL에서 교수자는 학생들에게 교과내용과 관련된 다양한 문제를 스스로 제시해 보도록 하고 학생 스스로 이번에 어떤 문제를 해결해야겠다는 방향을 정립하도록 지원할 필요가 있다.

교수자는 학생들이 문제를 파악함에 있어서 보다 도전적이도록 분위기를 형성해 주어야 한다. 그리고 학생들이 문제, 즉 기대 수준과 현재 수준의 차이를 끊임없이 탐색하며 자신의 지식의 한계를 느끼도록 유도할 필요가 있다. 기대 수준의 설정은 학생 개인마다 다르기 마련이며 따라서 현재 수준과의 차이도 다르게 나타날 것이다. 학생들은 자신이 처해 있는 상황을 치열하게 관찰하면서 특정 대상이 원래 기대하는 모습과 얼마나 다른지에 대한 인식을 가지게 되며, 자신의 기대에 못 미치는 현재의 상태가 왜 발생하게 되었는지 궁금증을 가지게 된다.

궁금증을 가진다는 것은 학습자 자신이 가지고 있는 지식으로는 의문이 풀리지 않는다는 의미이며 이는 소위 이해가 잘 안 된다는 의미가 된다. 이러한 지적 갈등 상태를 끊임없이 유발시키는 것이 대학교수의 역할이며 거기서 발생하는 궁금증, 즉 학생들의 질문들은 그 자체가 학습동기 유발의 원천이 될 수 있다.

학생들은 자신의 삶의 현장 속 문제에 민감해지는 과정에서 자신의 초인지가 작동되는 것을 경험하게 된다. 내가 문제를 제대로 파악했는지 잘못된 것은 무엇인지 스스로의 사고과정을 점검하며 스스로 관리하는 경험이 그것이다. 따라서 교수자는 초인지 작동의 과정이 살아 있을 수 있도록 보다 허용적으로 수업 분위기를 조성할 필요가 있다. 학생들 스스로 나는 단지 지식을 받아들이는 존재가 아니라 나의 현실과 관련하여 지식을 연계하여 문제를 파악하고 해결하는 능동적인 존재라는 의식을 갖게 할 필요가 있다.

1차원, 2차원, 3차원 중 어떤 차원의 문제인식이든 공통적인 것은 학생들이 자신만의 기대 수준에 비추어 갭을 파악하게 된다는 점이다. 갭은 곧 문제가 되며 그것의 부정적 영향 정도에 따라 해결책을 구안하는 의사결정을 하게 된다. 이러한 사고의 과정에서 뭔가 알아야겠다는 초인지적 판단 역시 작동하며 그 결과물이 학습 이슈로 도출될 수 있다.

따라서 교수자는 해당 교과내용을 처음 대하면서 학생들의 지적 갈등이 깊어질 수 있도록 설계하는 것이 필요하며 점차 스캐폴딩을 하는 과정에서 씨앗뿌리기 등을 통해 단계적으로 해당 교과내용에 익숙할 수 있는 기회를 마련해 갈 필요가 있다.

문제를 발견하는 과정에서 1차원 문제인식의 경우에는 직관이 더 큰 비중으로 즉응적으로 작동되도록 유도하며 논리적 분석을 통해 보완하는 과정을 경험하도록 하는 것이 필요하다. 2차원 문제인식의 경우에는 미래의 문제를 예측하는 것이므로 논리적 분석의 비중을 높여 가도록 지원하며 직관적 접근과 함께 시너지가 발생하는 경험을 하도록 하는 것이 필요하다. 3차원 문제인식의 경우에는 직관력, 분석적 사고력과 함께 평상시 학생들의 인문학적 소양과 풍부한 예술적 창의성이 발휘될 수 있게끔 수업활동을 구성하여 새로운 가치를 추구할 수 있도록 하는 것이 필요하다. 물론 평상시 인문학적 소양이 부족하면 지금부터라도 강조해 주어야 하며 현재 가지고 있는 인문학적 소양을 최대한 끌어내어 활용할 수 있도록 지원하는 것이 필요할 것이다.

문제파악에 관련된 공통적 단계는 다음과 같다.

1) 교과내용 관련 현장 탐색

학생들의 삶의 현장을 돌아보게 하는 활동으로서 가정, 학교, 기타 사회생활의 에피소드들을 떠올리고 동료들과 공유한다. 제시된 여러 에피소드에서 교과내용이 어떻게 관련되어 있는지 논의한다. 이 활동을 위해서 교수자는 교과내용 관련 키워드들을 소개하여 학생들의 기존 지식과 연계해 볼 수 있는 기회를 제공해 준다.

2) 이상하다 느끼는 문제 나열

학생들이 스스로 '뭔가 이상하다'라고 떠올리는 기회를 수업시간에 제공하고 수시과제로 생각하여 오도록 한다. 학생들이 제기하는 문제들을 서로 공유하고 동료 학생들의 반응을 살피며 함께 비판하고 문제를 구체화하도록 한다.

3) 문제 가치 판단

제시된 문제들이 해결될 필요가 있는지, 왜 그 문제들이 중요한지, 개인과 사회에 공헌하는 바가 있는지 공유하고 관점을 새로이 할 수 있는 기회를 제공한다.

4) 문제해결 우선순위 결정

해당 학기 내에 해결하고자 하는 문제들의 우선순위를 부여할 기회를 제공한다. 특히 선정된 문제들을 자신의 프로젝트 과제로 반영하도록 한다.

3. 문제인식 활용 수업 후기

후기 01

"문자해득교육론 수업에서 대학생들의 문맹문제에 대한 기사와 같이 주변 현장에서 일어나고 있는 문해문제들을 시작으로 수업을 열어 가는 느낌을 많이 받는다. 단순 이론적 지식들로만 견문을 넓혀 나가는 것이 아니라 나와 다른 공간, 삶 속의 문해들을 접하면서 수업을 받다 보니 그 상황 속에서의 문해나 그날 수업에서 무엇을 배웠을 때 그것과 connecting하여 더 깊게 뇌리 속에 기억되는 느낌이 있다.

→ 교수자가 무언가를 말해 주었을 때 집중력이 흐트러지기 쉽고, 의도를 파악하기 힘들 수도 있다. 하지만 이러한 수업을 계속하다 보니 교수자 기대 수준을 파악하는 능력이나 connecting하는 능력을 학습하고 있는 것 같다."

후기 02

"처음 보는 지식을 습득하는 과정에서는 지적 갈등이라는 것이 발생하게 된다. 지적 갈등은 기존의 지식들이 서로 부딪히면서 또 다른 지식을 낳는 과정이라고 생각한다. 이것은 무언가를 해결하고 싶을 때 더욱 간절해진다. 처음 보는 지식을 습득하는 과정에서 지적 갈등이 발생하였다면 그 후 의문이 생길 것이다. 그것이 바로 학습이슈이다. 학습이슈는 지난 학기부터 꾸준히 들었던 단어라 꽤 익숙하다. 그래도 다시 한 번 정리해 보자면, 학습이슈는 어떤 것이 궁금해져서 알아야겠다는 생각을 하고 실제로 학습하는 것이다. 예를 들어 보면, ARCS모델에 대해 학습하는 과정에서 머릿속에 있는 기존의 지식들이 서로 부딪히면서 학습동기가 무엇인지와 같은 학습이슈가 생기는 것이다."

후기 03

"2주차부터 본격적으로 내가 일상생활에서 느꼈던 문제를 나열해 보고 원인을 찾고 교육적 문제와 원인을 찾아내는 수업을 듣고 과제를 하면서 느꼈던 점은 '교재를 사용했다면 이렇게 폭넓게 생각할 수 있었을까?'이다. 너무 어렵고 처음 접해 보는 전문적 지식에 대해 문제와 원인을 찾는 활동을 했다면 내가 스스로 생각하기보다 인터넷에 'searching'만 하다가 결국 나의 사고는 확장하지 못한 채 수업이 끝났을 것 같다는 생각을 했다. 내가 일상생활에서 느끼고 있던 문제를 발견하고 원인을 찾고 하위원인을 찾고 하는 과정이어서 관심을 갖고 수업에 참여할 수 있었다."

후기 04

"WPBL의 수업방식이 확실히 다른 수업방식보다 효과적이고 효율적이며 매력적인 것 같다는 생각을 새삼 하게 됐다. 단순히 이론적인 지식을 접하고 과제를 하는 식으로 생각을 해 보는 것만으로는 지식을 온전히 나만의 지식체계에 연결하는 데 한계가 있다고 생각한다. 직접 지식을 접하고 일상생활에서 직접 문제를 찾고 적용해 보는 과정을 통해서 지식을 나만의 체계에 연결하게 되고 수업에서 다루지 않던 부분까지 생각하게 되면서 지식을 더 체계적으로 구성할 수 있게 되는 것 같다. 그래서 WPBL이 새삼 대단한 교수법이라는 생각이 들었다."

4장

공감하기

공감하기는 수업성공의 열쇠이다

WPBL의 열쇠는 학생들과의 공감형성이다. 사실 공감하기는 필자가 수업에 대해 가지는 현 수준의 프라임 아이디어로서 모든 수업의 성공 열쇠라고 할 수 있다. 대학 강의가 실패하는 경우는 대부분 학생들과의 공감형성에 실패하기 때문이라 할 수 있다.

다시 말해, 교수자가 자신의 지식만을 강조하며 학생들에게 다가갈수록 교수자와 학생 간의 관계는 건조해지고 형식적이 되며, 결과적으로 학생들은 수업에 주도적으로 몰두하지 못한다. 이런 결과는 교수자가 학생들과의 인간적 만남을 소홀히 하기 때문에 발생하며 우리가 함께하는 느낌, 즉 공감이 없기에 발생한다.

가장 넓은 의미로서 공감이란 쉽게 말해 뭔가 통하여 함께하려는 느낌이다. 사람들 간에 공감이 있다는 것은 이심전심으로 상대방의 입장을 헤아리는 상태를 의미하는 것으로 교수자와 학생 간에도 예외가 아니다. 교수님이 왜 저런 말씀을 하는지 그 맥락을 받아들인 학습자는 고개를 끄떡이고 혹시 실수가 나와도 웃음으로 이해해 주니, 교수자의 입장에서는 수업을 하기가 훨씬 수월해진다. 반대로 학생들이 그러한 마음의 상태가 아니라면 교수자의 수업활동 하나하나가 불편하고 거북스러워져서 학습을 잘해야겠다는 학습동기가 낮아져서 학습에 부정적 영향을 주게 된다. 결국 공감이란 모티브 일치를 통해 학습자 마음에 편안함을 주는 인간적 교감이라고 할 수 있다.

특히 WPBL은 학습활동의 과정에서 교수자 및 동료 학생들과의 협업, 이해관계자와의 관계형성, 그리고 주변 환경 속 의미 있는 타자들과의 접촉 등 모든 과정을 통하여 자기의 편견이 최소화되면서 학생 자신만의 프라임 아이디어, 즉 안목을 형성하는 것을 목적으로 하기에 그 과정에서 공감은 필수적인 것이다. 이때 교수자 본인이 학생들에게 보여 주는 공감의 노력은 학생들에게 모델링의 효과를 가져오게 되며, 이에 따라 학생들도 공감할 가능성이 커지게 된다.

즉, 학생들이 처음에 다소 어색하더라도 서서히 스스로 공감의 필요성을 절감하고 노력하게 하려면 교수자가 먼저 그러한 모습의 필요성과 가치를 보여 주려고 하는 것이 필요하다. 이는 교수자가 학생들에게 인간적 권위를 보여 주는 것이다. 진정성 있는 마음으로 인간적인 접근을 먼저 시도하면서 기쁨도 아픔도 함께할 수 있는 교수님이라는 느낌을 가질 수 있도록 하는 것이 중요하다. 학생들의 이름을 불러 주고, 장점을 칭찬해 주며, 서로 웃는 모습을 항상 보여 준다면 학생들은 그 모습을 보며 같은 모습으로 변해 가며 교수자와 함께하려는 마음이 그만큼 강력하게 된다.

1. 공감하기의 유형과 중요성

정서적 공감하기가 먼저 선행되어야 한다

수업현장에서 공감하기는 두 가지 유형으로 나타날 수 있다. 하나는 인지적 공감하기이고, 다른 하나는 정서적 공감하기이다. 우선 인지적 공감하기는 상대방이 전달하는 생각이나 메시지에 대해 같은 감정을 가지는 것이다. 쉽게 말해, 너의 생각, 즉 네가 이해하는 것을 나도 같이 느끼는 것이라고 할 수 있다.

수업활동은 대부분 교수자가 가르치고자 하는 교과내용을 직접 전달하거나 학습자 스스로 탐구하여 자기 것으로 만들어 가도록 지원한다. 이때 교육목표라는 것은 그러한 활동이 제대로 진행되었는지를 평가하는 기준이 된다. 결국 교육목표를 학습자들이 달성한다는 것은 교수자의 의도된 메시지가 학습자들의 머릿속에 정착했다는 것을 의미하며, 이것은 인지적 공감이 클수록 가능성이 높을 것이다.

상대방이 전달하는 메시지를 한 번에 정확하게 이해하는 것이 항상 쉬운 것은 아니다. 오히려 어려울 경우가 많다. 수업에서 교수자가 아무리 설명을 잘해도 그 교육적 내용의 메시지를 학습자들이 100%, 그것도 현장에서 이해하는 것은 거의 불가능하다고 할 수 있다. 그것은 기본적으로 가르치는 자와 배우는 자 간의 인지적 수준차, 즉 개인차가 크기 때문에 발생한다.

따라서 교육목표를 100% 달성했다는 것은 교수자와 학습자 간에 매우 효과적인 커뮤니케이션이 이루어졌다는 것을 의미하며, 이때 교수자가 그 지식에 대해 가지는 생각에 학생이 같은 느낌을 가진다는 의미가 될 수 있다. 이는 수업의 성공을 의미한다. 실제로 학생들에게 가르친 후 "모두 이해했습니까?"라고 물어서 학생들이 "예"라고 답을 했다고 해도 그들의 실제 이해율은 30%도 안 될 것이라는 것이 필자의 견해이다. 그만큼 교육목표 100% 달성을 위한 인지적 공감이 쉽지 않을 수 있다.

WPBL에서는 이렇게 달성하기 어려운 교육목표의 달성을 위해 먼저 형성되어야 하는 것이 정서적 공감이라는 입장을 취한다. 정서적 공감하기는 사람과 사람 간에 느낌을 공유하는 것을 의미한다(이 책에서 정서적 공감은 감정적 공감과 동정적 공감을 포괄하는 의미로 사용한다). 특정한 생각이나 지식에 대한 느낌을 의미하는 인지적 공감과는 달리 정서적 공감은 순간순간 느껴지는 심리적 상태에 대해 상대방이 같은 감정을 함께 느끼는 것이라 할 수 있으며, 이는 양자 간 상호작용의 토대가 된다.

정서적으로 공감이 되어 있는 상태에서 교수자와 학습자들은 서로가 던지는 메시지의 맥락을 제대로 읽게 되며, 이것은 '나도 너와 같은 마음이야'라는 감정의 공유를 의미한다. 따라서 정서적 공감이 살아 있게 되면 서로 간에 함께할 가능성이 커지며, 이것은 결국 인지적 공감의 성공에도 기여할 수 있다. 흔히 마음이 일치해야 모든 일이 성공한다는 말처럼, 수업현장에서 교수자와 학습자 간에 마음이 일치하는 상태가 되면 서로 간에 편안한 심리 상태가 형성되어 아픔도 즐거움도 양자 간에 느껴짐으로써 모든 수업활동의 토대가 되기 때문이다.

특히 WPBL에서 정서적 공감이 중요한 이유는 나의 프라임 아이디어를 형성해 가는 과정에서 타인과의 아이디어 공유가 필수적이

기 때문이다. 나의 프라임 아이디어를 공개적으로 내놓는 순간 동료 학생들의 프라임 아이디어와 지적인 부딪힘이 발생한다. 그것은 내 프라임 아이디어의 한계를 직접 경험하는 계기가 되며 자신만의 편견을 벗어날 수 있게 해 준다.

그런데 당사자들 간에 프라임 아이디어 공유에 대한 정서적 공감이 없는 상황은 결국 마음을 열지 않는다는 것을 의미하며 그 상태에서는 메시지 발신과 수신의 과정에서 오류가 발생할 확률이 더 커지게 된다. 남의 입장이 되어 봐야 그 진의를 파악할 수 있으므로, WPBL에서는 공감하기를 수업활동의 필수과정으로 포함하는 것이다. 정서적 공감이 탄탄할 때 보다 정확하게 메시지의 의미를 파악할 수 있으므로 실제 학생들이 어떻게 주변의 모든 것과 공감하는지를 학습할 필요가 있다. 예를 들어, 많은 질적 연구에서 현장의 참여자가 되어 보는 것을 중시하고 디자인 씽킹 방법론에서도 공감하기를 포함하는 것과 같은 이유일 것이다.

공감을 토대로 조망수용 역량이 향상된다

WPBL에서 공감을 중시하는 이유는 공감을 통해 학생들 자신과 타인의 생존에 대한 학습의 범위가 넓어지고 깊어질 수 있기 때문이다. 문헌에서는 공감하기는 조망수용(perspective taking)과 관련하여 설명되기도 한다. 공감하기는 감정에 대한 것으로 한정되지만 조망수용은 감정뿐만 아니라 생각, 처한 환경, 행동 등을 타인의 관점에서 파악하는 능력이라는 것이다. 이 책에서는 정서적 공감과 인지적 공감을 통합하여 발휘하는 역량에 대해 조망수용이라는 단어를 사용한다.

인지적 · 정서적 공감을 토대로 하여 조망수용 역량이 향상된다는 것은 기본적으로 학생들이 타인에 대한 이기적 판단을 하지 않는다는 것을 의미한다. 그동안 우리 대학생들이 겪어 왔던 지나친 경쟁의 심적 부담으로부터 벗어나서 타인과의 비교를 지양하고 서로 다름을 인정하는 마음은 곧 공존하는 사회로 가는 전제 조건인데, WPBL에서는 그 부분을 강조하여 필수 학습과정에 포함한다.

생존이라는 정글에서 자신의 지식을 찾아 자기 것으로 만들어 가려 할 때 닫힌 마음 상태에서는 자신 밖에 있는 지식을 자기 것으로 만들기가 그만큼 어렵다. 따라서 열린 마음을 가지고 동료 학생과 사회의 의미 있는 타자들에 대해 있는 그대로를 인정할 때 서로 'GIVE & TAKE', 즉 주고받는 것이 가능하며 이러한 연습을 통해 학생들은 학습을 심화할 수 있게 된다.

2. 공감하기 활용 수업

공감을 위해 간결하게, 지속적으로, 친밀하게 접근한다

학습의 토대가 되는 공감이 교수자의 일회성 조치로 쉽게 형성되는 것이 아님을 인식할 필요가 있다. 학생들 개개인의 개인차는 너무나 다양하기 때문이다. 그러한 개인차를 극복하여 가능한 모든 학생이 교수자와 공감할 수 있으려면 교수자는 서두르지 말고 작은 것 하나부터 학생들과 나누며 함께 느끼고 생각하는 과정을 거쳐서 서서히 그리고 반복적으로 공감이 형성되도록 해야 한다.

교수자가 학기 초 오리엔테이션부터 항상 염두에 두어야 하는 것은 공감하기에 있어서 집단역동성의 극대화이다. 처음에는 주저주저하던 학생들도 일단 집단적으로 분위기가 형성되기 시작하면 자신을 드러내고 남들과 함께함을 즐기기 시작한다. 이때 지켜야 할 원칙으로서 간결성, 친밀성, 지속성을 생각해 볼 수 있다.

특히 인지적 공감의 형성을 위해서 정서적 공감을 먼저 형성하도록 노력할 필요가 있다. 지적으로 아무리 좋은 교육내용이고 교수님이 아무리 전문가일지라도 학생들이 정서적으로 가까이 하기를 꺼린다면 반쪽 수업으로 전락할 수 있기 때문이다. 학생들의 마음을 훔친다고 표현하는 것이 맞는지 모르겠지만 마음이 동하면 수업에서 학생들의 행동이 달라진다는 것은 사실인 것 같다. 학생들이 "교수님, 오늘은 더 멋져 보이세요." "교수님이 제 마음을 알아주시네요." "교수님, 저 오늘 저녁도 안 먹으며 공부했어요." 등등의 말을 서슴없이 교수자 앞에 와서 던져 준다면 그것은 교수자와 함께하는 정서적 공감을 하기 시작한 것으로 볼 수 있다.

이러한 정서적 공감하기는 수업활동 전체에서 교수자의 언행을 통해 끊임없이 시도되는 것이 좋다. 하나의 클래스에서 교수자와 학생들이 서로 간에 터놓아도 아무런 불편함이 없는 분위기를 형성하는 것은 하루 아침에 이루어지지 않는다. 물이 서서히 옷깃에 스며들 듯이 교수자는 서로의 마음을 오픈하도록 하는 메시지를 던져 나가야 한다. 간결하게 그리고 인간적으로 친밀하게 학생들의 마음을 터치할 수 있는 한 단어만으로도 충분할 수 있다. "오늘은 ○○가 좀 더 받아들이려고 노력하네." "아, 이렇게 ○○가 친구에 대해 관심을 가지는구나." "어, 어쩜 그렇게 마음 씀씀이가 크니." 이러한 문구들이 간결하게 그리고 학생들에게 친밀한 느낌이 들게 반복되면서 학생들의 마음은 서서히 더 열리는 방향으로 집

단역동성이 발동하게 될 것이다.

여기서 중요한 것은 한 번의 지시로 공감이 형성되는 것은 아니라는 점이다. 지속적이고 반복적인 노력을 해야 한다. 그리고 서두를 필요가 없다. 처음에는 간단한 것 같아 대충 의미 없이 스쳐 가는 듯했지만 학생들이 서서히 교수자의 공감 메시지에 귀를 기울이도록 메시지의 의미를 심화시켜 가면서 반복적으로 전달할 때 학생들도 공감의 노력을 시작할 것이기 때문이다.

마찬가지로 학생들 간에도 서로에게 마음을 열 기회를 제공해 주어야 한다. 예를 들어, 학생들 간의 공감하기를 위해서는 학기 초 2~3주 내에 반드시 한 번쯤은 '공감하기 활동'을 수업활동에 포함시키는 것이 학기 초의 학습동기 향상 차원에서도 도움이 된다. 서먹서먹하던 관계를 깨기 위해서도 그리고 진정으로 같이 학습하는 동료들의 있는 그대로를 이해하기 위해서도 WPBL에서는 권장된다. 나아가서 학생들이 어떻게 서로 공감할 수 있는지 경험을 해 봄으로써 본인들 스스로 공감하기 활동을 발전시켜 갈 수 있도록 하기 위해서도 필요하다. 다음의 공감하기 활동을 참조하여 교수자들이 전체 또는 부분을 창의적으로 변형하여 시도할 수 있다.

WPBL에서 학생들 간의 이해를 보다 촉진하기 위해 다음과 같은 공감하기 활동을 시도해 볼 것을 추천한다.

① 전체: 학생들이 빨리 아무 말이나 하기
② 개인: 나 자신에 대해 생각해 보며 적어 놓기
③ 개인: 나를 소개할 단어(장단점 모두 포함) 떠올려 보기
④ 소그룹: 자기소개 단어 하나씩 빨리 순차적으로 말하기
⑤ 소그룹: 특정 학생을 가리키며 인간으로서 공감의 말 순차적으로 해 주기
⑥ 소그룹: 지정받은 학생이 그 말을 해 준 학생에게 감사 인사를 해 주기
⑦ 소그룹: 2명을 가리키며 강점을 칭찬해 주기
⑧ 소그룹: 이번 활동이 자신에게 도움이 된 점을 순차적으로 말해 보기
⑨ 개인: 공감활동 성찰노트 작성하기

다음은 공감하기 활동의 실제 사례 일부와 활동에 대한 학생들의 느낌이다.

학생 A

① 아무 말 하기
- 자기가 한 말: "딸기우유를 먹었다." "원래 잘 웃는다."
- 느낀 점: 평소에는 선뜻 말하지는 않는 사소한 것들을 공유하며 동기들이 좀 더 편해진 것 같다는 느낌이 들었습니다. 평소에 대화를 자주 나누지 못해 어색했던 사람과도 얘기를 나누며 서로에 대해 좀 더 알아 가는 시간이었던 것 같습니다. 이번 아무 말 시간에는 그렇게 많이 말하지는 못한 것 같아서 아쉽습니다. 다음에 기회가 된다면 더 많이 말해 보고 싶습니다.

② 자기소개

–자기가 한 말: "저는 교육공학과 21학번 ○○○입니다. 저는 주로 누워 있습니다. 하지만 책임감이 강해 할 일은 미루지 않고 하는 편입니다. 사람들과 얘기 나누고 노는 것을 좋아합니다. 앞으로 함께 잘 지냈으면 좋겠습니다."

–느낀 점: 평소에는 자기소개를 할 때 소속이나 나이 등으로 간단하게 설명했는데 저의 특징들을 여러 개 나열하고 소개하려니 부끄러웠습니다. 하지만 다른 사람에게 저라는 존재를 각인시킨 계기가 된 것 같아서 좋았고, 다른 사람의 소개를 들으며 서로에 대해 더 잘 알아 가게 되고 이해해 보는 계기가 되어서 좋았습니다.

③ 칭찬하기

–자기가 한 말: "○○○ 동기에게 자신의 말을 조리 있게 논리적으로 설명을 잘 하는 점을 칭찬하였고, ○○○ 선배님께는 부끄러움이 많으심에도 불구하고 나서서 발표하시는 모습을 칭찬하였습니다."

–느낀 점: 남을 칭찬하거나 칭찬받는 것에 익숙하지는 않았는데 동기들과 서로를 칭찬하고 장점을 말해 주며 가까워지게 된 계기가 되어서 좋았습니다. 종종 이런 시간을 가지면 좋을 것 같다고 생각했습니다.

학생 B

① 아무 말 하기

–자기가 한 말: "오늘 점심 추천해 주세요!" " 오늘도 파이팅 해요!"

–느낀 점: 아무 말이나 하는 것을 통해 수업 분위기가 편해지는 느낌을 받았습니다. 항상 경직된 상태로 수업을 듣곤 했었는데 오늘 수업은 수업을 같이 듣는 분들과 이야기하는 시간을 가지게 되어 한결 편해져서 좋았습니다. 그래서 앞으로도 이러한 시간이 종종 있었으면 좋겠다

는 생각을 하게 되었습니다.

② 자기소개

–자기가 한 말: "안녕하세요, 저는 ○○○입니다. 저는 올해로 스물한 살이 되었습니다. 늙는다는 느낌이 너무 싫네요. 그리고 저는 침대를 사랑합니다.이불 밖은 너무 싫어요. 저는 상대방이 상처받을 것을 우려하여 거절을 잘하지 못하는 편입니다. 그래서 상대방의 기분을 생각하여 의견표현을 할 수 있도록 노력하고 있습니다. 들어 주셔서 감사합니다."

–느낀 점: 자기소개하는 시간을 가지면서 약 21년 가까이 살았는데도 불구하고 제 장점을 쉽게 이야기하지 못하는 저에 대해서 조금 의문이 들었습니다. 저뿐만 아니라 다른 친구들도 장점을 쉽게 말하지 못하는 것으로 보아 왜 사람들은 자신의 장점을 쉽게 말하지 못하는 것인지 의문이 들었습니다. 또한 다른 분들의 자기소개를 들으면서 다른 분들에 대해서 조금 더 알게 되어 좋았습니다.

③ 칭찬하기

–자기가 한 말: "저는 ○○ 학우를 칭찬합니다. 저는 부끄러움이 많아 자진해서 발표한 적이 많이 없고 발표를 할 때 항상 나중에 하려고 합니다. 하지만 ○○ 학우는 항상 먼저 앞장서서 발표를 하고 자진해서 발표를 하셔서 ○○ 학우의 그러한 행동에 배울 점이 많다고 생각합니다. 그리고 저는 ○○○ 선배님을 칭찬합니다. 선배님께서는 후배인 저희들을 편하게 대해 주셔서 덕분에 더 열심히 수업에 참여할 수 있게 해 주셨습니다. 제가 만약 선배님이었다면 그렇게는 하지 못했을 것 같은데 그러한 모습을 보여 주셔서 선배님을 칭찬합니다."

–느낀 점: 다른 분들의 장점을 생각하는 시간을 갖게 되어 좋았습니다. 제 장점만 생각하는 시간을 많이 경험해서 그런지 다른 분들의 장점을 생각하는 게 생각보다 어려웠습니다. 그래서 일단은 평소에 다른 분들을 보면서 제가 반성하게 되었던 기억을 떠올려서 그분의 좋은 행동들

에 대해 칭찬하는 말을 했던 것 같습니다. 이러한 시간을 통해 제 자신만 생각했던 제가 다른 분들에 대해서도 생각하고 알아 가게 되어 좋았습니다.

3. 공감하기 활용 수업 후기

후기 01

"다른 사람과 공통점을 찾고 이해하는 마음을 가짐으로써 나도 마음이 편해졌던 것 같고, 공통점이 있는 그 학생에게 친근감을 가지게 된 것 같다. '나만 이런 걸까?' 하고 걱정했던 것들이 조금씩 풀려 나가는 느낌도 있었다.

이번 수업에서는 한 가지 학습전략(discussing)을 더 배우게 되었다. discussing을 하기 위해서는 여러 사람이 협동하며 서로 다름을 인정해 나가는 것이 중요하다. 공감하기 활동으로 discussing의 발판을 마련했던 것 같아서 이번 수업 역시 지난 차시 배웠던 학습전략, 그리고 나의 문해력과 연결되어 있구나를 다시 한번 깨닫게 되었다.

또한 공감하기 활동을 통해 '나 자신을 아는 것'에도 큰 도움이 되었던 것 같다. 문자해득교육론 수업은 이론을 배운다기보다는 정말 살아가는 데에 필요한 문해력을 '실행'을 통해 배우는구나 생각했다."

후기 02

"공감해 주기 활동을 하면서 나는 교수님이 우리에게 늘 가르쳐 주신 '우리는 다르다. 우리는 할 수 있다. 우리는 해낸다.' 이 문장이 떠올랐다. 이 문장에 대해 나는 아까 나의 단점이 동기에게는 장점으로 보였던 것이 생각나며 서로가 다르기 때문에 서로를 보완해 주면 완벽해질 수 있고 그 과정에서 우리는 할 수 있게 되는 것이고 해낼 수 있게 되는 것이라고 바라볼 수 있게 되었다. 우리는 다르지만 다름을 인정하며 서로가 함께 발전해 갈 수 있는 것이기에 공감이라는 능력이 중요하다고 생각하게 되었다."

후기 03

"이번 활동을 통해 저 자신을 내려놓는다는 것이 두렵고 매우 무서웠습니다. 그러나 저 혼자가 아닌 동기들도 진실하게 자신을 내려놓고 말하는 모습을 보면서 저도 제 모습을 반성할 수 있었고, 그제야 저 자신을 온전히 내려놓을 수 있었습니다. 이런 과정을 거치면서 교수님이 왜 우리에게 이런 활동을 시키셨는지 그 의미를 깨달을 수 있었습니다. 바로 우리가 자신을 내려놓고, 진실한 모습을 남이랑 공유함으로 인해 제 마음을 녹이고 어떤 상대방이 오더라도 동기를 유발할 수 있는 방법을 찾아내겠다는 의지를 스스로 활동에 참여하면서 깨닫게끔 하시려고 했던 것을 말입니다."

후기 04

"수업 시작부터 끝까지 동기들과 서로에 대한 것을 공유하고 다양한 얘기를 나누면서 더욱더 가까워지고 서로에 대한 이해도가 높아지게 된 것 같았습니다. 자기소개를 통하여 저 자신에 대한 이해도 하였고 서로 칭찬하고 발표 경청을 통해 타인에 대한 이해도 하게 되어서 좋았습니다. 평소에도 동기들과 이런 식으로 소통해 보고 싶다는 생각도 들었습니다. 저를 소개하는 과정에 있어서 상대방에게 저라는 존재를 각인시키기 위해 특징을 같이 설명하는 것도 좋을 것 같다고 생각했습니다. 이 세 가지 활동을 통해 동기에 대한 이해도도 커지고 편한 사이가 된 것 같아 좋았습니다."

5장

씨앗뿌리기

씨앗뿌리기는 지식을 초보 수준에서 미리 접하게 하는 것이다

학습의 과정은 일회성 복사의 과정이 아니다. 즉, 책의 지식을 눈으로 복사하여 한 번에 머릿속에 넣는 과정이 아니다. 학습의 과정은 학생들이 자신의 굳어진 지식체계에 변화를 주는 과정이다. 학생들은 이미 자신만의 개념이든 오개념이든 뭔가를 가지고 있다. 그것을 뚫고 개선하고 변형시키는 것이 학습의 과정이다. 그러므로 학습의 과정에서 학생들이 시간이 걸리는 것은 너무도 당연하다.

씨앗뿌리기란 완결된 지식을 객관주의적으로 학생의 머릿속에 넣어 주는 것이 아니다. 이번 학기에 가르칠 교과내용의 키워드들을 초보 수준에서부터 미리 접하게 하여 학생들의 머릿속에 씨앗을 심는 과정이다. 학생들의 머릿속이 비옥한 토양이었든 아니면 삭막한 사막이었든 뭔가 새로운 지식들이 들어갈 수 있도록 준비해 주는 과정이기도 하다.

비옥한 토양이라는 의미는 이미 해당 학생의 머릿속에 관련된 지식이 풍부하다는 의미이며, 나아가 그 지식이 체계적으로 정리되어 굳건한 지적 체계를 형성하고 있을 수도 있다는 의미이다. 삭막하다는 것은 불모지로서 도저히 지식이 자라기 어려울 정도로 학습자의 준비도가 약하다는 의미이다.

교수자가 씨앗을 뿌릴 때는 비옥한 토양이든 삭막한 사막이든 각각에 맞는 방법을 취해야 한다. 비옥한 토양의 경우에는 좀 더 쉽게 씨앗뿌리기가 가능하므로 교수자의 일방적 씨앗뿌리기보다는 학생들이 보다 적극적으로 씨앗을 찾아 스스로 뿌릴 수 있도록 할 수도 있다. 그러나 사막의 경우에는 교수자가 정말로 엄선하여 가장 쉬운 기초 개념들부터 학생들에게 제공하며 생각해 보게 하고 또 생각해 보게 하고 토론하게 하며 끊임없이 관리하는 노력을 전개해야 한다. 자칫 하나라도 어긋나면 사막에서 씨앗이 자라나기 어렵기 때문이다.

씨앗을 뿌리는 과정에서 교수자가 항상 명심해야 할 것은 먼저 머리 속 대지의 토양을 파악해야 한다는 점이다. 즉, 학생을 이해하려는 노력을 먼저 해야 한다. 학생이라는 존재는 교수자의 고객이다. 고객은 가끔은 까다롭고 고집스럽고 변동이 심할 수도 있다. 그러한 고객의 현재 수준의 관점과 교수자가 가지는 관점이 다른 상황에서 고객의 잘못된 점을 최선의 추측(best guess)를 통해 먼저 발견해야 고객에게 안성맞춤인 씨앗뿌리기를 할 수 있기 때문이다.

1. 씨앗뿌리기의 중요성

씨앗뿌리기는 머릿속에 선행조직자를 활성화한다

씨앗뿌리기가 필요한 이유는 여러 측면에서 생각해 볼 수 있다.

첫째, 씨앗뿌리기는 학생들의 행동을 기대하는 방향으로 변화시키는데 있어서 버겁지 않게 그리고 한번 시도해 볼 수 있도록 자신감을 준다. 왜냐하면 앞으로 학습할 내용을 미리 맛보게 하는 과정에서 해당 키워드들에 대해 익숙해질 기회가 되기 때문이다. 일단 키워드를 제시받든지 아니면 스스로 키워드를 찾아내게 하든지 학생들은 키워드들을 접하면서 눈에 익히게 된다. 이 과정에서 어떤 학생들은 스스로 조사를 통해 의미를 파악해 보기도 한다. 어떤 학생은 자신이 알던 내용과의 관계를 연결시켜 보려고도 한다. 이 단계에서 아직은 학생들이 해당 키워드들을 완전히 이해할 수 없다. 그냥 '어, 새로운 용어인데.' 아니면 '저건 무슨 의미인지 짐작이 가는데.' 하는 수준이면 충분하다. 중요한 것은 이러한 경험이 학생들에게 미래 학습내용에 대한 방향감을 준다는 것이다.

둘째, 이렇게 방향감을 가지게 되면서 새로이 투입된 키워드들이 소위 선행조직자의 역할을 하게 된다. 선행조직자란 머릿속에 미리 투입되어 다음 내용을 받아들이는 데 도움이 되는 지식 조직의 최초 토대를 의미한다. 이것을 가지고 있는 학생과 없는 학생의 학습에서의 격차는 더 이상 말할 필요가 없다. 머릿속의 인지적 스키마가 비옥한 토양이든 아니면 불모지 사막이든, 나아가서 잡동사니 지식들이 던져져 있는 창고이든 뭔가를 가지고 있으면 일단 학생들은 그것을 의식적 · 무의식적으로 사용할 수밖에 없다. 즉, 사용한다는 것은 이미 머릿속에 있는 것을 기반으로 새로운 내용을 이해하게 된다는 의미이다. 그러므로 교수자가 씨앗뿌리기를 통해서 학생들 머릿속의 스키마에 있는 기존 지식을 활성화시키거나 아니면 새로운 씨앗을 넣어서 준비시켜 주는 것이다.

셋째, 씨앗뿌리기는 또한 학생들에게 반복학습의 기회를 준다. 한 번에 통째로 그리고 억지로 머릿속에 밀어 넣는 것이 아니라 야금야금 하나씩 아는 만큼 진도를 나가게 하는 과정에서 반복의 효과가 극대화된다. 인간은 망각의 동물이라고도 할 수 있다. 기억은 우리에게 항상 좋은 것만 주는 것이 아니다. 모든 것을 알고 잊어버리지 않는다면 새로운 변화를 하기가 오히려 어려울 수 있을 것이다.

반복의 중요성은 에빙하우스(H. Ebbinghaus)의 망각 곡선에서도 나타난다. 일단 학습을 해도 하루만 지나면 이미 50% 이상을 잊어버릴 수 있다는 것이다. 나아가 학생들은 한 번에 모든 것을 이해하기 어렵다. 개인차가 모두 다르기 때문이다. 이것을 해결하는 방법으로는 반복의 기회를 주는 것이 가장 강력하다고 할 수 있다. 반복의 과정을 통해서 처음 이해한 것을 확인하고 또 반복하는 과정에서 새

로운 이해로 발전시키고 그러한 기회를 주는 것이 씨앗뿌리기이다.

넷째, 씨앗뿌리기 과정을 거치면서 수업의 주도권이 서서히 교수자에게서 학습자에게로 넘어가는 효과를 기대할 수 있다. 즉, 씨앗뿌리기는 능동적 학습의 출발점이 될 수 있다. 씨앗뿌리기를 하는 교수자는 자신의 지식을 정답으로 가르치지 않는다. 교수자가 자신의 지식을 통째로 전달하려고 하는 것은 학생들의 학습과정을 잘 모르거나 아니면 서둘러서 진도를 나가야 하는 경우에 많이 발생한다. 나는 지식을 전달했으니 자기 것으로 만들어 가는 것은 여러분이 알아서 해야 한다는 것이라고 할 수 있다. 그러나 이러한 방법으로는 학생들이 스스로 알아 가기 매우 어렵다.

씨앗뿌리기를 한다는 것은 학생들이 스스로 자기 학습의 주인이 되도록 전략적으로 안내한다는 의미이다. 즉, 스캐폴딩을 진행하여 처음부터 도움을 주되 학생들의 발전과정을 보아 가며 서서히 그 도움의 정도를 줄여 나가게 된다. 1주차에 처음에는 아무런 맥락도 없이 언급되는 것 같았는데 2~3주 지나면서 '아, 그때 교수님이 미리 언급한 그 키워드가 왜 필요했는지, 무슨 의미인지 알겠네.' 하는 자각이 나타나기 시작하면 씨앗뿌리기는 성공하고 있는 것이며 그 순간부터 학생들은 자기의 학습을 시도할 수 있게 된다.

2. 씨앗뿌리기 활용 수업

씨앗뿌리기는 적정 시점마다 반복적으로 시행한다

씨앗뿌리기는 학기 초부터 우선적으로 실시 시점의 선정에 신경을 써야 한다. 씨앗뿌리기의 근본 목적이 지식을 완전히 이해시키기 위한 것이 아니므로 특히 학기 초에는 적절한 양과 형식으로 실행해야 한다. 물론 상황에 따라 다를 수 있지만 씨앗뿌리기는 학생들이 내용을 처음 접하며 맛보는 기회이므로 참여동기 형성단계에서부터 적정 시점마다 반드시 시도될 필요가 있다.

참여동기 형성단계란 한 학기 전체 기간의 20~30% 시점(15주의 경우 3~5주차)에서 학생들이 해당 교과에 대해 학습의 방향과 세기를 형성하는 단계로서, 씨앗뿌리기는 교과내용에 대한 지적 호기심 유발의 역할을 한다. 지적 호기심은 모든 학습의 출발점이며 실패하는 수업일수록 학생들의 지적 호기심을 유발하는 노력이 부족한 경우가 많다.

학생들이 스스로 '내가 이 강의에 참여를 잘 해야겠구나.' 하는 생각이 들도록 하는 방법으로서 씨앗뿌리기는 학생들에게 내적 동기를 유발하게 하기 위한 방안이 될 수 있다. 수업이 주차별로 진행되면서 매주 새로운 교육내용을 다루기 전 짧게는 1주 전에 가르치려는 키워드나 절차, 아이디어 등을 제시하고 1차 노트에 적게 한다.

씨앗뿌리기는 다양한 내용과 형태로 실행이 가능한데, 학생들에게 선행조직자를 경험하도록 하는 과정이므로 교수자가 다양하게 변화시킬 수 있다. 한 학기 동안 학습할 내용들의 주요 키워드들 중에서 우선 참여동기 유발단계에서 학생들의 기대와 가치를 자극하기 위한 키워드들을 선정하여 활용하면 된다. 즉, 교수자가 선정한 키워드들을 시간차를 고려하여 수시로 제시하며 학생들에게 개념을 탐색하게 하고 서로 관계 지어 보도록 하면서 친숙도를 높여 나간다. 교수자가 일방적으로 제시하는 것이라서 학생들에게 부담을 줄 수도 있으나 교수자로서 학생들이 받아들이는 수준을 살피면서 키워드들 간의 연계를 설명해 나간다. 물론 이 과정에서 키워드들 하나하나 완벽하게 설명하는 것은 지양하고 학생들이 키워드들에 대해 스스로 생각하도록 기회를 제공하는 것이 필요하다.

예를 들어, 오늘의 키워드라고 선언하며 일단은 완벽한 설명을 제공하기보다 해당 키워드의 의미가 무엇인지 생각해 보고 지금까지 배운 내용과 비교해 보라고 안내한다. 앞으로 몇 주차쯤에 어떤 상황에서 다시 언급될 것이라고 알려 주며, 그 상황이 오면 처음 제시할 때보다 심화·확장된 내용으로 설명하면서 반복한다. 이러한 과정을 지속적으로 반복하여 학생들의 지식 연결에 도움이 되도록 한다.

키워드 씨앗뿌리기는 교수자가 일방적으로 제시하는 방법으로도 할 수 있으나 그것을 넘어 보다 구성주의적으로 시도할 수도 있다. 예를 들어, 수업시간에 머리말이나 핵심 단원을 또는 교수자가 미리 준비한 교과내용 개요를 제시한 후 학생들 스스로 독해하면서 키워드를 찾아보도록 하는 방법을 취할 수도 있다. 학생들이 보다 적극적으로 참여하려는 모습을 보일 때 사용하면 더욱 효과적이다.

씨앗뿌리기의 발전된 방법은 프로세스 씨앗뿌리기이다. 특정 키워드들을 넘어 어떠한 일처리 과정을 학생들이 학습하는 것이 중요할 때 사용한다. 배워야 할 업무 수행의 과정, 즉 절차를 가르치고자 할 때 1단계, 2단계 이렇게 단계적으로 가르치는 것이 아니라 전체 프로세스를 처음부터 경험해 보게 하며 그 반복 횟수를 늘려 가는 것이다. 학기 초부터 가장 초보적인 형태에서부터 경험할 수 있도록 하는 것이 중요하다.

예를 들어, 1주차에 1차 경험, 2주차에 2차 경험, 그리고 적정한 때 n차 경험의 반복적인 경험을 제공하여 학생들이 해당 프로세스의 핵심 내용을 이해할 수 있도록 그리고 심화해 갈 수 있도록 하는 것이 프로세스 씨앗뿌리기이다. 이러한 나선형 계열화를 통한 프로세스 씨앗뿌리기를 통해 학생들의 해당 절차나 과정에 대한 이해도는 점점 높아진다. 중요한 것은 한 번에 모든 것을 가르칠 수 없다는 점을 고려하여 반복을 한다는 것이다.

필자가 활용한 프로세스 씨앗뿌리기의 사례를 제시하면, 1주차에 '학습동기 문제행동을 나열하라'라는 프로세스 과제를 수업시간에 토론으로 부여하였다. 우선 학생들이 학습동기 문제를 어떻게 대하는지 미리 경험해 보도록 하는 취지였다. 즉, 프로세스를 한 번 시행착오를 통해 경험해 보라는 것으로, 초기 단계에서 학생들이 놓치거나 실수하는 것들을 직접 겪게 하는 것이 오히려 중요하였다. 왜냐하면 그것들은 학생들에게 오히려 미래발전의 자양분이 될 수 있기 때문이다.

씨앗뿌리기는 수업 외에서도 실시할 수 있다

씨앗뿌리기는 수업 내와 수업 외의 기회를 모두 활용한다. 수업 내에서 처음 내용이 전달될 때 학생들이 그 현장에서 바로 이해하는 것이 쉽지 않음을 인식해야 한다. 가르칠 내용이 많은데 학생들이 교수자가 원하는 수준만큼 빠르게 이해하지 못할 때 교수자는 성급하게 서두르지 말아야 한다. 왜냐하면 학생들도 자신이 쉽게 이해하지 못하는 것에 대해 스스로 당황하고 좌절하고 있을 수 있기 때문이다.

프로세스 씨앗뿌리기에서의 핵심은 단계적이고 반복적인 활동이다. 한 번, 두 번…… 계속해서 학생들이 해당 절차에 대해 이해

수준을 높일 수 있도록 반복하는 것이 중요하다. 필자의 사례를 들면, 앞에서 언급했듯이 '학습동기 문제행동'을 나열해 보라고 했는데 여기에 담겨 있는 전체 사고 프로세스가 쉽게 이해되지 않는 눈치였다. 학생들은 열심히 하려고 긴장하고 있는데 내가 설명해도 잘 안 되니 답답해하는 모습이었다.

따라서 수업을 마치며 교수자로서 마음이 편하지 않았다. 한 번에 이해되기 어렵구나라고 생각을 하며 학생들의 현재 이해 수준에 비추어 적절한 활동이 필요하다고 판단하고 그날 저녁에 반복의 기회를 제공하고자 하였다. 그래서 카톡으로 프로세스 전체의 핵심을 정리하여 추가로 보내기로 하였다. 학생들에게 두 번째 반복의 기회를 주는 것이었다.

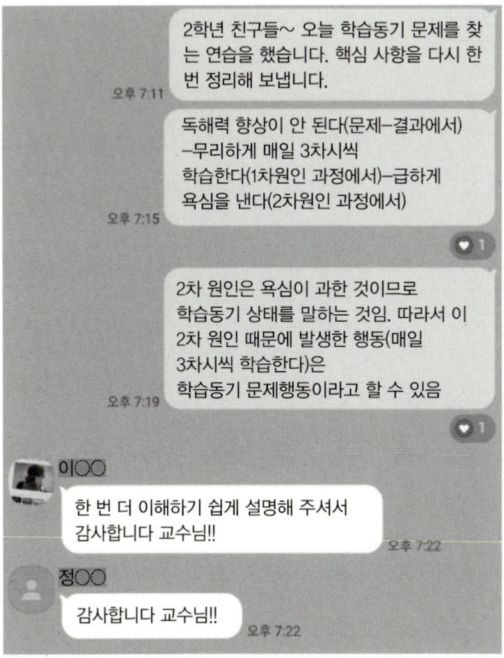

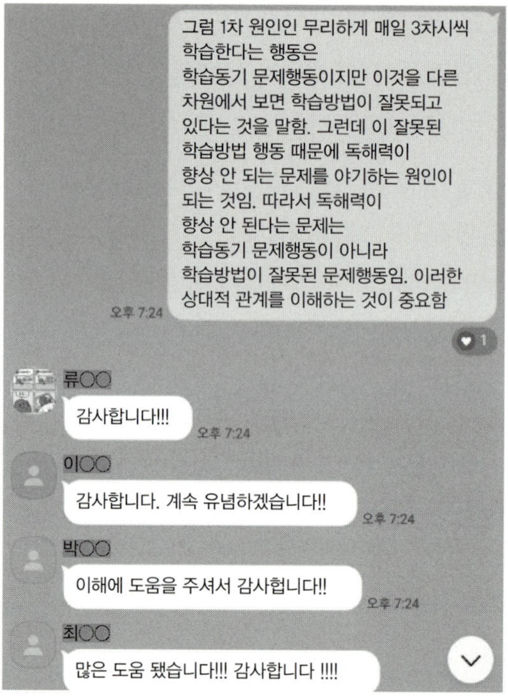

예상대로 학생들의 반응은 긍정적이었다. 본인들이 제대로 이해 못하여 갈등하고 있는 차여서 그런지 곧바로 카톡으로 교수자인 나에게 회신을 보내기 시작하였다. 기회라고 생각하고 필자는 학생들의 반응을 참조하면서 카톡을 이어 갔다.

교수자로서 카톡으로 수업 외에서 설명을 시도하는 것이 쉽지는 않을 수 있다. 하지만 중요한 것은 지금 이 내용이 확실하게 이해되지 않으면 앞으로 학생들이 이 프로세스를 바탕으로 한 다른 내용들을 학습하기 어려울 수 있다는 판단을 하였다. 따라서 적극적인 액션을 통해 반복적으로 씨앗을 뿌리는 것이었다.

학생들은 이러한 교수자의 추가 전달을 일종의 스캐폴딩으로 받

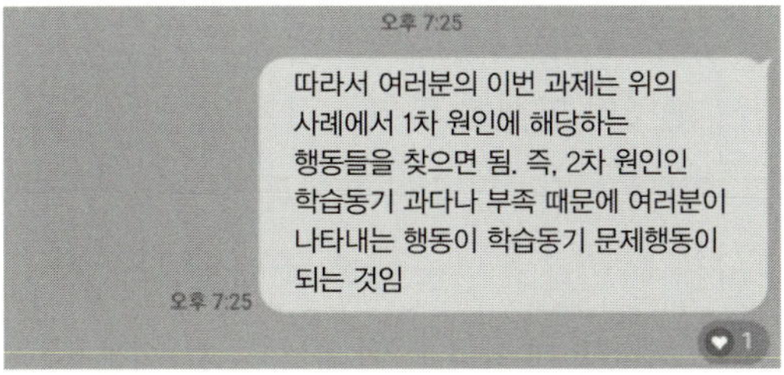

아들일 수 있으며 자신들의 이해도가 높아 갈수록 교수자의 관심과 열정에 대해 긍정적인 표현을 하게 된다. 특히 학생들은 교수자가 수업 외 시간까지 관심을 가지고 자신들의 내용 이해를 위해 노력하는 모습에 고마움을 표현하였다.

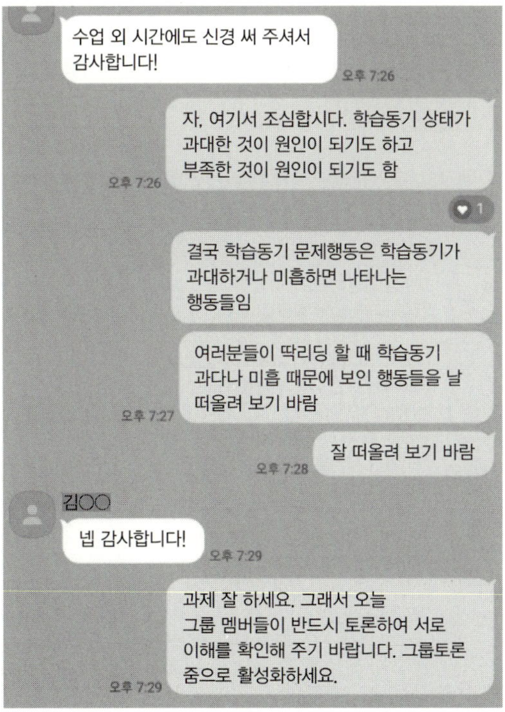

학생들의 반응을 살피는 것이 중요한 이유는 학생들의 머릿속 학습의 과정에서 무엇이 발생하고 있는지를 알아야 다음 수업전략을 활용할 수 있기 때문이다. 필자는 학생들이 혼자서 카톡 내용을 이해하기에 어려울 수 있다고 판단한 후 수업시간에 함께했던 그룹별로 서로 토론의 기회를 가지라고 안내하였다. 이는 세 번째 반복의 기회로서 혼자서 이해하는 부담을 극복하여 서로의 이해 공유를 통해 보다 깊이 이해할 수 있으리라는 판단에 근거한 것이었다.

그 결과 예상대로 수업시간에 바로 이해를 못하던 학생으로부터 다음 날 회신 카톡이 도착하였다. 학생들과 열려 있는 소통의 중요성을 강조하는 필자로서는 매우 반가웠으며 이때 학습 열의를 표하고 있는 학생에게 '열심히 하는구나'라는 피드백을 주었다. 학생의 질문내용으로 보아 분명 여러 고민을 한 것 같았다. 그러나 이해에 다소 미흡함이 있었지만 바로 정답을 주지는 않았다.

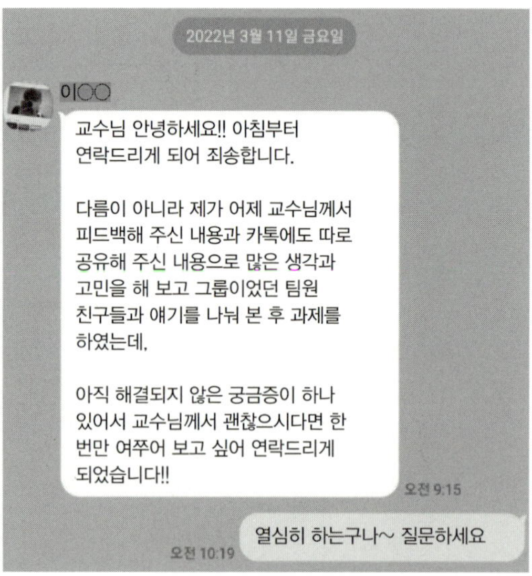

WPBL에서는 교수자가 정답을 바로 주는 것을 지양한다. 학생들이 정답을 스스로 찾도록 설명하고 안내하고 기회를 주는 것이 중요하다. 왜냐하면 그 과정을 통해 스스로 지식을 형성할 수 있기 때문이다. 필자는 "~ 위에서 문제가 1차 원인과 다른 점이 없네요." 라는 피드백만을 제공해 주었다. 다행히 학생은 필자의 지적에 동의를 하고 감사를 표했다.

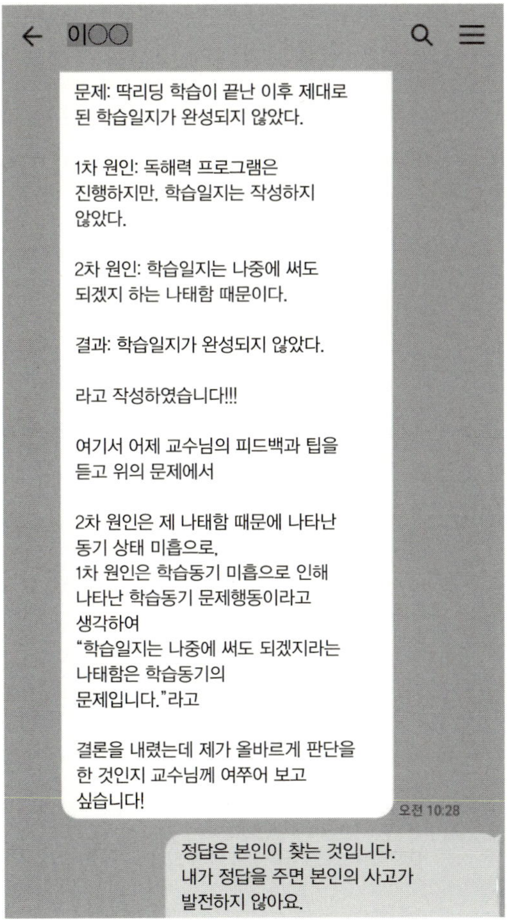

다만, 정답을 안 준다고 해서 피드백이 허술해도 된다는 것은 아니다. 오히려 정답을 안 주더라도 학생이 스스로 정답을 찾을 수 있도록 단서를 제공할 필요가 있다. 이렇게 단서를 제공하는 과정에서 학생들은 네 번째로 전체 프로세스를 생각해 보는 반복학습의 효과를 가져오게 된다.

앞에서 살펴본 프로세스 씨앗뿌리기의 경우 보통 수업에서 설명을 자세히 하는 것과 다른 것이 없다는 반응이 있을 수 있다. 하지만 다른 것은 교수자가 전달하려는 지식 전부를 가능한 한 정확히 설명하여 이해시키려는 일반적인 수업에서의 설명과는 다르다는 점이다. 프로세스 씨앗뿌리기에서는 프로세스 전체를 한 번 제시하거나 시범을 보여 주지만 그것을 학생들이 자기 것으로 만들어

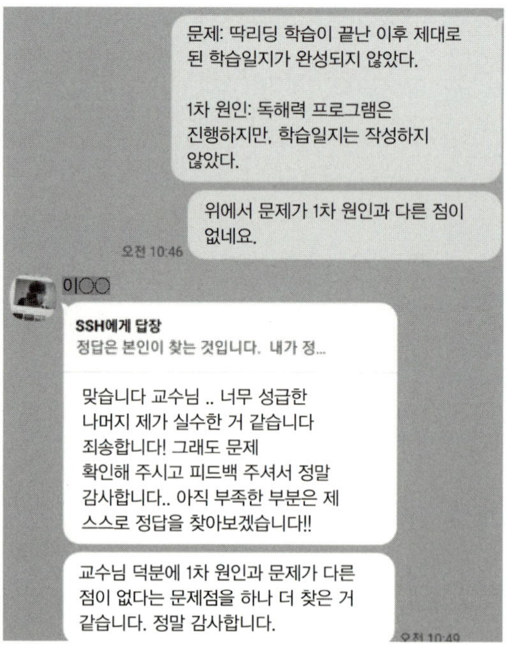

가는 데 있어서 전체 프로세스를 학생들이 반복해서 경험해 보도록 한다. 즉, 몇 번의 반복이 될지 모르지만 한 번에 정확하게 이해시키려는 설명과 다르게 그 과정에서 교수자가 원하는 지식을 그대로 전달하지 않으며 힌트와 안내만을 주면서 스스로 해당 프로세스에 익숙해지도록 하는 것을 중요시한다는 점이다.

이 사례의 경우 수업 이후 카톡을 통해 집중적으로 4회의 반복 기회가 제공되었다. 하지만 일반적으로 프로세스 씨앗뿌리기는 이렇게 집중적으로 하지 않고 시간의 간격을 두고 마치 식물에 물을 주듯이 첫 주에 한 번 경험하게 하고, 다시 적절할 시점에서 한 번 더 경험하게 하고, 또다시 몇 주 후에 한 번 더 경험하게 하는 식으로 전개하는 것이 원래의 모습이라 할 수 있다.

따라서 집중적으로 밀어붙이기식으로 전개할 때는 학생들이 교수자의 지식을 통째로 그대로 암기하는 식이 되지 않도록 가장 유의해야 한다. 교수자의 역할은 단지 그러한 프로세스 전체를 보여주고 익숙하게 하는 정도에서 마무리하면 된다. 그 프로세스 전체를 자기 것으로 만드는 것은 철저히 학생 자신의 반복적 시도의 활동이 되도록 학생들의 수준에 맞추어 단계적으로 접근하면 된다.

3. 씨앗뿌리기 활용 수업 후기

후기 01

"좀 신기했던 것이 교수님께서 예전에 수업시간에 사고의 씨앗을 뿌리듯이 수업을 하신다고 했는데, 어떻게 사고의 씨앗을 뿌리고 우리가 생각해 낸 것들이 수업의 소재로 바로바로 적용되는지 신기했다. 그만큼 교수님께서 학문을 통달하고 있으시고 학습자들의 사고를 다 예측하고 읽고 계시는 건가 하는 생각도 들면서, 교수님께선 우리의 사고 흐름을 고려하여 정말 우리를 위한 수업을 하고 계시는 것 같다는 생각이 들었다. 진짜 올해는 교수님께서 우리를 위해 진정성 있게 수업을 준비하고 신경 쓰고 계신다는 느낌을 많이 받는 것 같다. 그래서 늘 이에 감사한 마음을 가지고 보답하고자 수업에 더 열심히 임해야겠다 하는 마음을 갖게 되는 것 같다."

후기 02

"문자해득교육론 시간에서 듣고 있는 수업이 '씨앗뿌리기 전략'이 활용되었다는 것을 알 수 있었다. 우리는 씨앗뿌리기 전략을 통해 계속 중요한 내용을 반복학습 할 수 있었고, 어떤 새로운 내용을 받아들이더라도 당황하지 않고 기존의 배웠던 내용들과 연관시켜서 생각할 수 있는 역량이 생겼다. 만약 씨앗뿌리기 전략이 활용된 수업을 받지 못했다면 위 영상에 대한 내용에서 깨달음을 얻을 수 있었을까? 이러한 한 수업이 계속해서 나선형 교육과정을 실현해 나가고 있다는 것이 굉장히 신기하고, 수업에서 배웠던 내용이 일회성이 아니라 일상 속에서의 경험에도, 매년 매 학기 지속적으로 받는 교육에서도 배움이 확대될 것 같아서 너무 기대된다."

후기 03

"송상호 교수님은 어쩌면 처음부터 큰 계획의 틀을 잡으시고 수업을 진행하시는 것이 아닐까. 그저 열심히 교수님의 수업을 따라갔을 뿐인데, 그전과는 다른 교육법에 따라가고 있었던 것을 왜 깨닫지 못했을까. 교수님이 시행하신 '씨앗뿌리기 교육법', 농사를 짓듯, 비옥한 토양에 씨앗을 뿌리시면서 실한 열매가 될 수 있도록 옆에서 지켜봐 주시는 교육법이었던 것이다. 그리고 시행하신 다른 교육법은 '그물망 전략', 교수님의 모든 수업내용은 처음부터 끝까지 연결되어 있었던 것이었다. 이 모든 것은 교수님의 '교수전략'이었으며, 우리는 앞으로 이러한 색다르고 학생들을 위한 '교수전략'에 대해서 공부할 것이다."

후기 04

"교수님의 강의는 곳곳에 있는 지식과 정보들이 결국엔 이어지기도 하고 반복되어 나타나기도 한다는 생각을 했는데, 이런 느낌이 들었던 이유는 교수님의 교수전략 속에 있었다. 교수님의 교육법 중 두 가지를 말씀해 주셨다. 먼저 '씨앗뿌리기' 전략이 있다. 1 다음에 2를 공부하고, 다음에 3을 공부하는 것처럼 차례대로 흘러가는 것이 아니라 1 다음에 3을 공부하기도 하고, 다시 1로 돌아가기도 하는 씨앗을 흩뿌리는 듯한 교육법이 씨앗뿌리기 교육법이다. 이렇게 공부하면서 잊을 만한 시기에 돌아가 복습을 하기도 하고, 씨앗이 자랄 수 있도록 물도 주며 수업을 한다고 말씀하셨다. 강의계획서상의 순서대로 진도만 나가는 것이 아니라 우리의 이해를 기반으로 진도를 맞춰 나가시고, 그러면서도 배울 내용은 다 배워 나간다고 말씀하셨다.

→ 이 수업전략을 듣고 정말 신선하다는 생각을 했다. 나는 지금까지 교육이라고 하면 순서를 기반으로 차례대로 나아가는 것만을 떠올렸는데, 순서에만 연연하는 것이 아니라 지식을 흩뿌리며 효율적으로 복습하고, 기억하게 하고, 지식을 깨닫게 한다는 사실 자체가 매우 흥미로웠다. 정말 좋은 교수전략이며 교육봉사나 멘토링 기회가 있을 때 꼭 한 번 도전해 보고 싶다는 생각이 들었다."

6장

골세팅과 미션구체화

골세팅은 교과목적/교과목표를 학습목적/학습목표로 전환하는 것이다

학습을 진행하기 위해서 학습자들은 자신만의 방향성을 정립해야 한다. 기존의 교과목적이나 교과목표는 교육제공자의 입장에서 지향하거나 달성하고자 하는 것을 의미한다. 수업이 성공하려면 이것들을 학습자의 입장에서 이해하여 왜 지향해야 하고 왜 달성해야 하는지를 스스로 파악하는 것이 중요한데, 이를 골세팅이라고 할 수 있다. 골세팅이란 교과 목적이나 목표를 자신만의 학습 목적이나 목표로 체화시켜 설정하는 것으로 내가 변화해야 할 방향과 구체적인 행동의 모습을 수립하는 것이다.

골세팅의 과정은 학습자 스스로 자신의 성취 수준을 설정하는 기회가 된다. 즉, 나는 이번 학기에 어느 정도까지 달성해 보고 싶다는 성과기대를 하는 것이다. 이는 학생들이 생존의 여정에서 자신이 어느 분야에서 어느 정도 성공하고 싶은지를 선택하고 결정하게 되는 것과 같은 이치이다. 어떤 학생은 단지 학점으로서 A+를 설정하기도 하고, 어떤 학생은 자신이 이번에 할 수 있는 것은 어느 정도 수준일 것 같다는 초기 선택을 하게 된다.

또한 골세팅을 하는 과정에서 학습자는 '왜'라는 것에 대해 스스로 생각하고 답해 보면서 해당 교과학습의 중요성을 인식하게 된다. 교과목적이나 교육목표가 제시되었을 때 학습자들이 스스로 그것을 해석하고 자신의 삶의 현장과 연계시켜서 중요하다고 믿고 학습할 때와 그렇지 않을 때 학습효과의 차이는 매우 크다. 왜 공부해야 하는지도 모르는 채 전달되는 교과지식은 학습자들에게는 단지

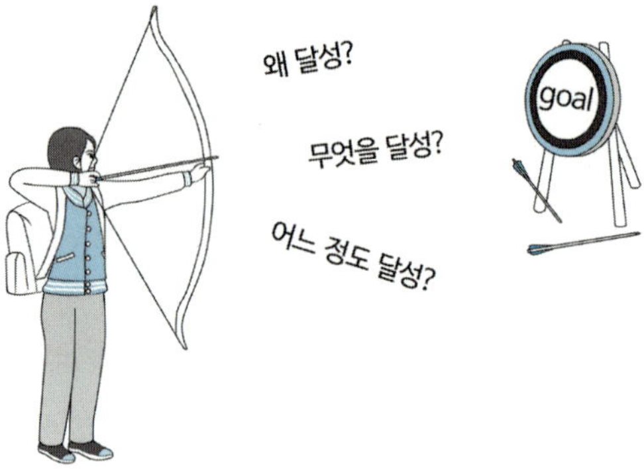

고생거리일 수 있다. WPBL에서는 학습에 대한 학습자의 주인의식이 필수적이며 이를 위해 학습자에게는 주어진 교과 목적과 목표를 자신의 관점에서 해석하고 체화할 기회를 제공할 필요가 있다.

미션구체화를 통해 미션을 확정하고 학습과제를 도출한다

학습에 대한 정당화가 확보되면 학습자는 주어진 시간에 어떠한 활동을 할 것인지 학습활동을 구체화해야 하는데 이를 미션구체화라고 할 수 있다. 미션구체화의 결과물은 학습자가 발견한 문제들을 해결하는 학습과정에서 수행되어야 할 확정된 미션과 그에 따른 학습과제들이다. 예를 들어, 예절 바른 품성을 함양한다라는 수업목적이 제시되었을 때 학습자는 미션으로서 '두 달 안에 자신의 배려심을 발휘하여 타인을 존중하는 경험을 한다'라는 미션을 설정한 후 관련된 과제들을 수행하게 된다. 물론 이 미션과 과제는 '학생들이 상처 주는 말을 한다'는 문제를 해결하기 위한 것이라 할 수 있다.

WPBL에서 미션이 중요한 것은 그것이 수업에 현장성을 부여하는 촉진제 역할을 하기 때문이다. 수업에서 미션이 없으면 교수자와 학습자 간에 상호작용은 공허한 이론 논의에 머무를 수 있다. 그러나 미션이 설정되면 수업에서 다루어지는 지식들이 그 미션을 맥락으로 하여 서로 연계되기 시작한다. 미션은 교수자가 제시할 수도 있고 학습자들이 스스로 선택을 할 수도 있다. 미션은 교수자가 제공하더라도 학습자의 입장에서 수용될 수 있어야 의미가 있다.

1. 골세팅의 필요성

학습목적/학습목표를 설정하면서 학습이유를 구체화한다

강의계획서에 제시된 교과목적/교과목표는 학생들이 학기말까지 변화시켜야 할 행동들을 나타낸다. 따라서 교과목적/교과목표는 강의나 수업이 나아가는 방향이나 목적지를 제공하기에 교수자와 학습자의 모든 활동이 일관성 있게 교과목적/교과목표에 연결되어야 한다.

그러나 실제 수업에서 형식적으로 제시되는 경우도 많다. 형식적으로 제시된다는 의미는 학생들이 교과목적/교과목표에 대해 명쾌한 그림을 그리지 못하고 수업에 임하는 경우가 있다는 것이다. 이는 분명 지양해야 할 현실일 수 있다.

학생들에게는 직접 교과목적/교과목표를 체험할 기회가 제공되어야 한다. 즉, 골세팅의 기회가 필요하다. 체험할 기회라는 것은 교과목적/교과목표에 대해 사고하며 자신의 것으로 만들어 볼 수

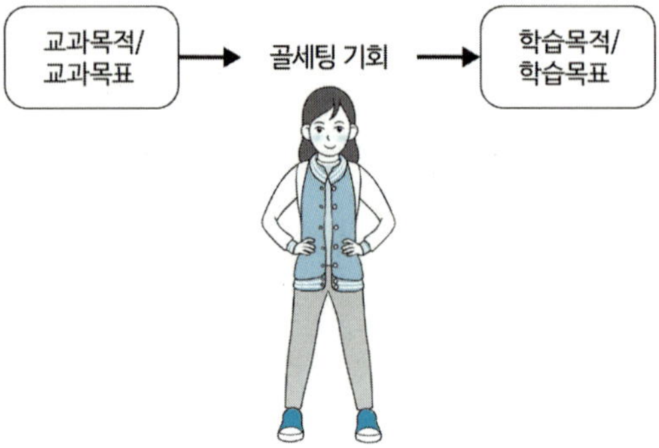

있다는 의미이다. 교과목적/교과목표를 개인의 학습목적/학습목표로 전환시키는 과정을 거침으로써 교과목을 배우는 이유가 보다 구체화될 수 있다.

여기서 목적과 목표의 차이를 이해할 필요가 있다. 목적은 행동의 변화가 지향하는 방향이며 목표는 달성해야 할 행동이라고 구분할 수 있다. 따라서 학습목적이란 지향의 대상으로 추상적인 개념이다. 그리고 학습목표란 달성의 대상으로 구체적인 개념이며 행동동사를 사용하여 진술해야 한다. 이 둘의 개념은 얼핏 보면 비슷해 보이지만, 서로 다른 개념이며 잘 구분하는 것이 중요하다.

학습목적을 설정할 때는 학습자 본인이 앞으로 어떠한 방향으로 변화하고 싶은지를 확인해야 한다. 여기서 변화란 비교적 영속적인 행동의 변화이다. 스스로가 판단하는 가치 있는 방향으로의 변화로서 내현적 · 외현적 행동 변화를 모두 포함하여 일반적이고 비교적 추상적인 용어로 표현한다.

학습목표는 학습목적을 위한 지속적인 과정에서의 이정표들이라고 할 수 있다. 즉, 하나하나 달성하며 지나가야 할 이정표들을 학생 스스로 적어 보는 것이다. 학습목적보다는 구체적으로 작성

하되 다양한 행동동사를 사용하고 달성의 기준과 달성의 상황조건들을 함께 포함하기도 한다.

학습목적/학습목표를 학생들이 수립하는 것은 남의 지식을 내 것으로 가져가는 첫 단계가 된다. 나의 학습행동에 대한 분명한 방향성을 파악하게 되므로 학습의 동력이 될 수 있다. 예를 들어, '어디로 가는 걸까?'라는 혼란이 사라지고 '아, 우리가 남쪽으로 가는구나.' 아니면 '부산으로 가는구나.'라는 자기만의 그림이 그려지므로 거기에 맞는 행동들을 할 수 있다.

그렇기에 수업에서 단순히 교수자가 교과목표를 제시만 하거나 칠판의 한 귀퉁이에 적어 놓은 수준으로는 학습에 긍정적 영향을 줄 수 없다. 학습목적/학습목표가 학생들의 머릿속에서 살아 있을 때 학습활동이 그들에게 분명해지고 따라서 수업 전체도 역동적이 될 수 있기 때문이다.

이를 위해 선배 학생들이 어떤 학습목적/학습목표를 가지고 어떤 미션에 대해 어떤 과제를 완료하여 무엇을 가져갔는지에 대한 구체적인 실제 사례를 제공해 주면 학생들의 학습활동에 도움이 된다. 즉, 사례들을 참조하여 학생들이 자신의 기대 수준에 비추어 최선을 다하도록 유도하는 것이다. 나아가 학습자들에게 지나친 자신감을 가지게 하는 것도 지나친 학습무기력감을 가지게 하는 것도 모두 지양해야 할 사항이다. 오히려 학습목적/학습목표 달성을 위해 최선을 다하되 학습자들은 모두 동료들과의 경쟁이 아니라 자신과의 경쟁을 하는 것이며, WPBL에서 성과는 단순히 능력의 결과물이 아니라 초인지적 노력과 시행착오를 통한 지속적인 반복의 결과임을 인식시키는 것이 중요하다.

2. 미션구체화의 필요성

미션구체화는 학습동기를 유발한다

미션을 구체화하는 과정에서 항상 염두에 두어야 할 것은 학생들이 발견한 문제가 무엇인가라는 점이다. 학생들이 제시한 문제는 그들에게 삶의 현실이다. 따라서 그들이 필요로 하는 학습이 전개되도록 하는 것이 중요한데, 미션의 구체화 과정에서 학생들이 개인 또는 그룹 차원에서 논의하고 협의하는 과정을 겪게 하면 함께 학습하는 역동성을 기대할 수 있다. 이는 함께 문제를 해결하는 분위기 형성을 촉진할 수 있고 서로에게 힘이 되어 학습동기 유발에 기여할 수 있다.

미션을 교수자가 제공하든 학생들이 스스로 설정하든 그 과정에서 반드시 논의와 협의를 유도하는 것이 중요하다. 이 과정을 통해 학생들은 자신들 삶의 현실인 학교에서의 학습활동 및 나아가 학교 밖 삶의 현실문제에 대해서도 '지금 배우는 교과지식이 지금 당장 또는 앞으로 필요하겠구나.' 하는 인식을 할 수 있기 때문이다.

서로의 관점을 탐색하면서 학생들이 미션에 대한 논의를 진행하게 되면 자신이 혼자 외로이 떠 있는 섬이 아니라 치열하게 영향을 주고받는 이해관계에 있다는 것을 알게 되고, 따라서 자기생존을 위한 의사결정을 하게 된다. 결국 이러한 경험은 학생 개개인의 행동 근거가 되어 학습활동의 세기를 결정하게 되는 것이다. 동료들과 함께 소위 미션 선언문 같은 것을 만들어 보도록 해 본다면 미션 구체화 과정이 보다 생생하게 학습활동 속에서 살아 있을 수 있다.

3. 학습과제의 유형 구분

현장성 수준이 다양한 학습과제를 활용한다

강의계획서를 작성하는 단계에서는 교수자가 일방적으로 교육목적/교육목표를 선정하고 미션이나 학습과제를 제시하지만, 실제 개강이후 수업이 진행되는 단계에서는 참여하는 학생들의 수준을 고려하여 필요한 수준의 미션과 학습과제를 학습자와 함께 수정하거나 결정하는 것이 필요하다. WPBL에서는 기존 PBL에서처럼 문제를 교수자가 만들어 학생들에게 제시하는 것을 되도록 지양한다. 학생들이 문제들을 파악하고 그것과 관련된 미션이나 과제를 학생들과 함께 만들어 가도록 한다.

미션과 과제의 질적 수준을 조율할 수도 있고 난이도를 조절할 수도 있다. 아니, 조절해야 하는 경우가 오히려 더 많다고 할 수 있다. 그 이유는 교수자가 개강 전에 학생들의 사전 출발점 행동을 완벽히 예측할 수 없기 때문이다. WPBL의 특징 중의 하나가 이렇게 학습자와 교수자가 함께 미션을 탐색하고 과제의 수준과 난이도를 조절하여 공동으로 설계해 간다는 점이다.

학습과제는 개인과제가 될 수도 있고 그룹과제가 될 수도 있다. 개인과제는 개개인의 성취 정도를 확인하고자 할 때 필요하며 학생들 개개인의 개성 있는 독특한 활동이 기대될 때 사용하면 좋다. 이에 비해 그룹과제에서는 개인으로서는 어려워, 함께 아이디어를 공유하는 것이 필요한 과제일 경우에 활용하면 좋다. 학생들이 그룹활동을 싫어하는 경향도 있으므로 교수자가 그룹활동의 가치를 학생들에게 분명히 사전에 인식시키도록 하는 것이 필요하다. 절충안으로는 먼저 개인과제로서 수행하다가 적정한 시점에서 학생들에게 개인활동을 계속할 것인지, 아니면 그룹활동으로 전환할 것인지에 대한 선택의 기회를 주고 서로 논의하게 하여 학생들 스스로 결정하게 하는 것도 좋다.

학습과제는 미션의 구체적 모습으로서 그것이 어느 정도의 현장성을 포함하는가에 따라서 수준이 달라진다. 예를 들어, 기업에서는 업무 그 자체가 실제이므로 현장과제가 곧 수업과제가 된다. 즉, 학습자들이 액션러닝에서와 마찬가지로 개인이나 조직의 생존과 발전을 위한 실제 문제인식을 수행한다. 따라서 교수자는 어느 수준에서의 현장성을 수업에 도입하여 과제를 제시할 것인지 결정해야 한다. 극단의 경우 현장성을 반영하지 않는 과제를 중심으로 수업을 진행할 경우에는 학생들은 단지 교수자가 제공하는 지식을 습득하는 수준의 미션을 수행하게 된다.

1) 실제과제: 학생 개인이나 조직의 생존과 직결되는 실제문제와 관련된 과제

기업에서 WPBL을 실행하는 경우에는 실제 기업의 성과와 직결되므로 해당 기업의 판매 아이템을 구입할 사용자들의 시장 트렌드에 맞추어 개발한다. 이때는 마케팅 포지셔닝을 포함하여 시장조사, 해당 산업 전망, 소비자 취향 등의 조사와 함께 진행되어야 하는데 이러한 과정은 아이템을 단련하여 보다 판매 가능성이 높은 것으로 만들어 가는 과정이다. 학교수업에서도 이러한 실제과제를 수행하는 경우가 있을 수 있다. 문제파악부터 해결책 개발 및 실제 수행을 통해 학생들 본인의 생존에 영향을 주는 모든 과제가 이에 해당한다. 예를 들어, 기업의 실제 업무 관련 문제를 직접 해결하여 성과를 보고하는 과제일 수도 있고, 학교에서 학생들이 병아리를 키워 시장에 팔아 보고 그 과정에서 수익을 내보는 과제일 수도 있다. 이런 과제들은 단지 해 본다는 성격이면 모의과제라고 할 수 있지만 그 결과들이 학생들의 생존에 영향을 준다면 실제과제라고도 할 수 있다.

2) 모의과제: 실제의 요소들을 부분적으로 포함하는 과제

모의과제는 실제는 아니지만 실제의 요소들을 포함하는 수준의 현장성을 가지고 있는 과제로서 아이템을 개발하여 실제 시장에서 판매를 하더라도 그 결과를 책임지지는 않는다. 따라서 시제품 개발 정도에서 WPBL 수업을 마무리한다. 대학이나 기타 학교수업에 적합한 접근이다. 학생들이 연구소 팀원으로 신분을 가정하고 주변 동네 식당들의 문제점을 파악하며 해결안을 찾아보거나 실제로 해결안을 실행해 보는 과제가 그 예이다. 이 경우 비록 실제 식당을 상대로 하지만 그 결과에 따라 식당경영이 변화되는 것을 반드시 전제로 하지 않고, 또 그 결과가 학생의 생존에 변화를 주지 않는다. 대부분의 학교과제는 모의과제라고 할 수 있으며 다만 실제성(authenticity)에서 차이가 있을 뿐이다.

한편, 앞의 과제들에 비해 현장성이 현저히 떨어지는 과제들도 WPBL에서 활용될 수 있다. 현장성이 전혀 반영 안 된다고 할 수는 없지만 학습한 지식을 바로 적용하여 결과를 보고하는 과정에서 책무성이 배제된 과제들이다.

3) 이론구성과제: 특정 문제에 대해 다양한 이론의 타당성을 점검하며 자신만의 이론을 구성해 가는 과제

이론구성과제는 실제 현장 적용보다는 이론 그 자체의 발전을 위한 지적 활동을 중시하는 과제이다. 학습자들이 파악한 문제에 적합한 해결방안을 학습하는 과정에서 다양한 지식을 접하고 자기만의 해석을 시도하면서 각각 지식들의 타당성과 그 결과를 성찰해 보는 과제이다. 특정 해결책, 즉 아이템을 개발하거나 실행하지는 않지만 문제인식에 기반하여 기존 지식과 자신의 지식의 관계를 설정하고 그 과정에서 학습자가 플러스 알파를 하며 자신만의 의미 있는 지식을 구성하거나 계획을 작성해 보는 것까지만 진행한다. 예를 들어, 대부분의 PBL에서처럼 교통문제를 해결하는 과정에서 여러 지식을 탐색하고 해결안을 만들어 보며 공유하고 평가하는 수준까지의 과제이다.

4) 개념획득과제: 교과내용에 대한 오개념을 최소화하며 이해하는 과제

개념획득과제는 대표적인 객관주의적 지식관을 반영한 과제이다. 교수자가 제공하는 교과내용을 있는 그대로 오개념 없이 이해하고 자신의 기존 스키마와 연계하는 것이 중요하다. 즉, 학습자 자기만의 플러스 알파를 통한 구성을 강조하기보다는 전달되는 지식을 가능한 한 정확히 이해하는 것이 강조된다. 교수자가 말하는 지식의 정답으로 이해하는 과제로서 WPBL의 기본적인 구성주의적 접근보다는 객관주의적 이해를 중시하는 과제라고 할 수 있는데, WPBL에서는 필요에 따라서 이러한 과제도 학생들의 학습을 위해 사용될 수 있다는 입장을 취한다.

5) 숙달과제: 이해를 반드시 전제로 하지 않고 암기나 숙달을 위한 반복훈련이 주요 목적인 과제

숙달과제는 현장성 수준이 가장 낮은 과제이다. 특정한 지식을 획득하기 위해 단지 학습자가 반복하여 조건 반사적으로 행동이 나타날 수 있도록 하는 과제이다. 행동주의적 접근이 필요한 과제로서 학생들이 '왜'라고 묻는 것을 중요시하지 않으며 단지 교수자의 지시대로 원하는 행동을 하도록 하는 과제이다. 대부분의 경우 숙달과제는 지식 자체로서 학생들의 머릿속에 무의미하게 쌓이는 경우가 많아서 주입식으로 전락하기도 한다. 그러나 이러한 숙달과제 역시 WPBL에서는 학습과정에서 활용될 수 있다. 예를 들어, 구구단을 암기하거나 주기율표를 외우는 과제, 그리고 탁구에서 서브를 수없이 반복하여 숙달하는 과제 등을 모두 포함한다.

4. 골세팅과 미션구체화 활용 수업

목적과 목표는 참여동기에 영향을 준다

학생들은 나름대로 자신의 목적을 가지고 수업에 참여한다. 취업에 꼭 필요해서, 지적 안목을 쌓기 위해, 강의가 재미있다고 해서, 교양을 쌓기 위해서, 이름난 강의이기 때문에, 필수과목이니까, 그냥 들을 것이 없어서, 학점관리상, 심지어 다른 학생들이 수강하니까 등의 다양한 이유를 가지고 참여한다. WPBL에서는 이를 참여동기라고 개념화한다.

누구나 수업 참여에 대한 이유를 가지고 있는데, 교수자가 해야 할 일은 그 다양한 이유를 하나의 지향점으로 이끌어 주는 일이다. 학생들은 자신이 공부해야 할 이유가 분명할수록 좀 더 열심히 학습한다. 특히 성인학습자들은 교육의 실용적 목적을 매우 중시한다. 학생들은 자신들에게 실질적으로 어떤 도움을 줄 수 있는지에 관심이 높다.

그런데 실제 수업현장에서 교수자가 제시한 수업목적이나 수업목표의 의미를 학생들이 제대로 이해하기란 쉬운 일이 아니다. 교수자는 해당 수업목적이나 수업목표의 깊은 의미를 알고 있겠지만 처음 대하는 학생들은 그냥 문구로 받아들이기 쉽다. 즉, 그들에게 목적이나 목표란 학기 초나 수업 초기에 교수자가 저런 것을 제시하는구나 하는 수준에서 머무를 수 있으며 이런 상태면 결국 학습의 진행에 도움이 되지 않게 된다.

사실 대학 교수자들 본인들도 교과목 목적이나 목표에 대해 제대로 이해를 못하는 경우도 많다. 예를 들어, 이번 학기에 '인류발달에 대해 학습한다'고 진술하는 경우가 한 사례이다. 여기서 행동동사라는 것이 중요한데 '학습한다'라는 동사는 학기 말에 학생들이 나타내야 할 행동의 모습이 아니고 그냥 공부한다는 의미일 뿐이다. 따라서 학생들의 머릿속에 내가 어디까지 변해야 하지, 어디까지 알아야 하지라는 방향감을 주지 못한다.

수업목적과 수업목표를 이해하는 기회가 필요하다

수업 목적이나 목표가 제대로 된 역할을 하게 하려면 학생들에게 충분한 이해의 기회를 주어야 한다. '강의계획서의 목표를 읽어보세요.'에 그치거나 학기 초에 한번 쭉 읽어 주는 것은 단지 형식일 뿐이다. WPBL이 생존의 과정을 반영하듯이 수업목적이나 수업목표가 학생들의 머릿 속에 제대로 자리 잡으려면 그들의 생존의 과정, 즉 학습의 과정 어딘가에 연결되어야 한다. 수업에서 처음에

파워포인트로 수업목표를 보여 주며 '오늘 수업목표는 무엇이다'라고 말하는 행동은 수업활동의 형식을 따르는 것일 뿐 실제로 학생들의 학습에 도움이 되지 않을 수 있다. 왜? 학생들에게 맥락 없이 전달만 하고 있기 때문이다.

결국 교수자는 수업목적이나 수업목표를 학생들의 수준에서 이해할 수 있고 채택할 수 있도록 보다 적극적인 노력을 해야 한다. 여러 가지 방법이 있을 수 있다.

첫째, 수업목적이나 수업목표를 처음부터 암기시키는 활동을 할 수도 있다. 비록 의미는 잘 몰라도 학생의 생각에 '내가 나중에 저런 행동을 해야 하는구나.'라고 명심하도록 할 때 필요한 방법이다. 머릿속에 그렇게라도 자리 잡는 것은 학생들이 자신들의 학습활동에서 방향을 찾는 데 도움이 된다.

둘째, 수업목적이나 수업목표를 가지고 학생들에게 난상토론을 시킬 수도 있다. 서로 이해하는 바를 가감 없이 발표하게 하고 상대방이 말한 것을 다듬어 주도록 하는 것이다. 이 방법의 강점은 학생들 간에 수업목적이나 수업목표의 이해도에 대한 수준이 비슷해진다는 것이다. 그리고 상대 학생의 입을 통해 듣는 수업목적이나 수업목표가 나에게 어떠한 의미를 주고 있는지도 파악할 수 있다는 것이다. 즉, 내용에 대해 보다 정확한 이해를 유도하여 각자에게 관심을 증가시키는 효과를 기대할 수 있다.

셋째, 또 하나의 방법은 제시된 수업목적이나 수업목표를 학생들이 자신의 학습목적이나 학습목표로 재진술해 보도록 하는 것이다. 수업목적이나 수업목표는 교수자의 입장에서 결정된 것이기에 학생들의 눈높이와 차이가 있을 수 있다. 학생들의 해당 교과 이해수준이 낮은 상태에서 자기 것으로, 즉 자기만의 학습목적이나 학습목표로 전환해 보는 경험은 그 자체가 학습의 과정이 된다.

필자의 경우에는 WPBL 수업에서 학기 초에 수업목적과 수업목표를 제시하며 설명을 한다. 물론 학생들이 한 번에 이해할 것으로 기대하지 않기 때문에 일종의 씨앗뿌리기 전략을 실시한다. 그리고 한 학기 전체 동안 학습해야 할 교과내용의 키워드들을 1주, 2주, 3주 등 주차가 지나가면서 계속 씨앗뿌리기를 하며 학생들이 스스로 키워드들에 대해 찾고 생각하며 토론할 기회를 준다. 여기서 필자는 틈틈이 수업목적이나 수업목표와 관련시켜 학생들의 키워드 학습활동과 어떻게 관련이 있는지 그들 스스로 파악하도록 기회를 준다.

어느 정도 주요 키워드들에 대한 이해가 발전되었다고 판단되는 시점에서 수업 목적이나 목표를 자신의 학습목적이나 학습목표로 구체화하라는 과제를 제시한다. 누구나 똑같은 의미가 아닐 것이므로 자신이 기대하고 할 수 있는 수준만큼에서의 행동 변화를 학습목적이나 학습목표로 진술하여 제출하라는 과제이다. 이 과정을 거치면서 교수자는 학생들이 교수자가 제시하는 수업목적이나 수업목표를 이해하는 것이 얼마나 어려운 일인가를 이해하게 된다. 학생들은 이 과정에서 많은 시행착오를 거치기 때문이다.

- 공동체 내에서의 예의, 기본을 지키고 배우자.
- 전공 지식에 대한 전문성을 높이자.
- 정독하자.
- 대학 문해력을 기르자.
- 나의 대학 문해를 해결하는 것이다.
- 성공적인 대학생활을 계획하는 것이다.

- 누군가 "문해가 뭐야?"라고 물을 때에 문해에 대해 막힘없이 제대로 설명해 줄 수 있을 때까지 학습하는 것이다.
- 문해에 대해 완벽하게 이해하여 다른 분야와 연결시켜 응용하겠다는 것이다.
- 문해력을 향상시켜서 성공적인 대학생활을 위한 기반을 다지자.
- 대학 문해에서 다양한 문해까지 문해의 폭을 넓혀 보자.
- 세계로 가는 교육공학과에서 성장하여 사회발전에 따른 미래 인재로 발돋움하자.

이 예들은 학생들이 나타내는 이해의 개인차가 얼마나 큰지를 보여 준다. 이렇게 개인차가 큰데 수업 초에 한 번 수업목표를 보여 주거나 읽어 주는 것으로 학생들이 이해가 될 것으로 생각하는 것 자체가 커다란 시행착오라고 할 수 있다.

앞의 예들은 목표보다는 목적으로 진술된 경우이다. 즉, 달성의 대상으로가 아니라 지향의 대상으로 진술되어 있다. 이들에 대한 피드백 사항을 나열하면 다음과 같다.

① 어떤 것은 해당 학기 교과내용에서의 목적이 아니라 대학생활이나 인생의 목적을 기술하고 있다.
② 많은 학생이 '기르자' '학습하자' 등 학습의 과정을 언급하고 있다.
③ 심지어 '정독하자'처럼 학습행동을 언급하기도 한다.

그나마 학습목적으로서 도움 되게 진술된 것들은 학습의 방향을 제시하고 있다.

'나의 대학 문해를 해결하는 것이다.'의 경우 이번 학기 과목을 통해 자신이 어떠한 행동을 하게 될지를 나타내고 있다.

'성공적인 대학생활을 계획하는 것이다.'의 경우 이번 교과의 결과물로 자신의 대학생활 계획을 할 수 있기를 기대하는 것이 나타나고 있다.

'대학 문해에서 다양한 문해까지 문해의 폭을 넓혀 보자.'의 경우 학습할 내용의 범주까지 언급하여 보다 명쾌한 진술을 시도하고 있으나 넓혀 보자는 것은 학습의 과정동사이므로 적절치 않다. 그냥 '…… 다양한 문해까지 설명할 수 있다.' 정도가 적절하다.

'누군가 "문해가 뭐야?"라고 물을 때에 문해에 대해 막힘없이 제대로 설명해 줄 수 있을 때까지 학습하는 것이다.' 이 예의 경우 '…… 제대로 설명해 줄 수 있다.' 정도로 마무리되었으면 좋은데 뒤에 '…… 때까지 학습하는 것이다.'라는 표현 때문에 적절하지 못하다.

'문해에 대해 완벽하게 이해하여 다른 분야와 연결시켜 응용하겠다는 것이다.' 이 예의 경우에는 학습목적으로서 지향방향이 분명하여 적절하지만 뒤에 '……하겠다는 것이다.'는 불필요하다.

'문해력을 향상시켜서 성공적인 대학생활을 위한 기반을 다지자.' 이 예의 경우에는 기반을 다진다는 궁극적인 지향점이 제시되어 나름 학생이 해당 교과목을 학습하는 이유를 표현하는 학습목적으로서 적절하다고 할 수 있다.

학습과제에 대해 능동적인 태도를 가지는 것이 중요하다

과제를 교수자가 제공하는 경우 모든 학생이 같은 과제를 수행할 수 있다는 장점이 있지만 그것이 반복될 경우 학생들은 과제에 대해 점차 수동적인 태도를 가지기 쉬운 점을 극복해야 한다. 미래 인재는 주어진 과제만을 잘 수행하면 되는 것이 아니라 보다 능동적으로 자신의 과업을 발굴하며 추진할 수 있어야 하므로 대학수업 단계에서 능동적인 역할을 연습하는 것이 중요하다. WPBL에서 기존 PBL과는 달리 수업과 관련된 문제를 스스로 파악하라고 하는 것은 이 같은 취지를 반영한다. 따라서 WPBL에서는 학생 스스로 파악한 문제를 해결하는 데 필요한 학습과제를 선정함에 있어서도 같은 취지를 반영하여 스스로 과제를 만들어 볼 수 있도록 한다.

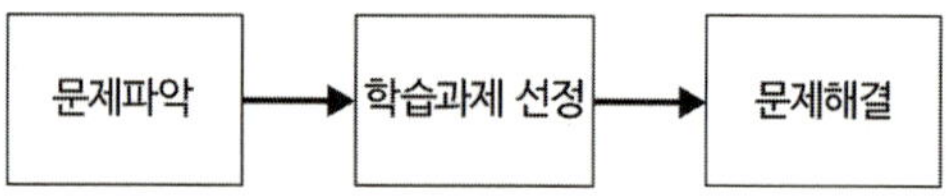

학기 전 강의계획서 작성단계에서는 교수자가 과제를 만들어 준비할 수 밖에 없다. 여기서 중요한 것은 그 과제를 학생들에게 공유하는 시점이다. 첫 주의 교과 목적이나 목표를 제시하는 단계에서 과제를 제시해야 한다는 입장이 있을 수 있다. 학생들에게 기대사항을 가능한 한 빨리 알려 주어야 한다는 입장이다. 그러나 첫 주에 그렇게 제시했을 때 학생들이 얼마나 제대로 이해할까 생각해 봐야 한다. 아직 교과내용에 대한 기초 개념도 없는 상태인데 수행할 과제의 취지와 맥락 그리고 구체사항들이 제대로 파악되기는 어려울 수 있다.

WPBL에서는 첫 주부터 과제를 구체적으로 제시하는 것을 지양하는데 아직은 학생들의 머릿속에 해당 교과와 관련된 자신만의 현장문제 파악이 되지 않았다고 보기 때문이다. 그래도 제시하는 경우는 기업의 WPBL에서처럼 실제문제를 급히 해결해야 하는 데 도움을 주어야 하는 경우일 것이다. 이런 경우에는 이미 발생한 문제이므로 업무 수행자에게 신속히 해결하라는 의미로 과제를 제시하는 것이라 할 수 있다. 그러나 대학의 WPBL에서는 이런 경우가 매우 드물다.

따라서 WPBL에서 문제와 관련된 과제를 제시하는 단계는 학생들이 스스로 문제를 한두 개씩 공유하여 동료들의 여러 문제에 대한 인식이 어느 정도 공유되고 특히 개인별 학습목적이나 학습목표가 설정된 이후가 가장 적절하다. 이제 문제도 파악했으니 내가 그 목적이나 목표를 위해 무엇을 학습과제로 설정해야 할지를 생각해 볼 기회를 주는 것이다. 물론 이 단계에 왔다는 것은 이미 씨앗뿌리기를 통해 학생들이 한 학기에 배워야 할 주요 키워드들에 익숙해져 있다는 것을 전제한다.

학습과제를 학생들 스스로 개발한다

교수자가 과제를 제시하는 방법도 활용할 수 있지만 WPBL에서는 과제 자체를 학습자들이 개발하도록 하는 것도 중요시한다. 필자의 경우 과제는 학기 초부터 제시하는 것이 아니라 중간고사 이전 5~6주차쯤이나 중간고사에서 학생들의 이해도가 파악된 뒤에 학생들에게 자신들이 남은 기간 수행할 과제를 구체화하여 제시하도록 한다. 1단계에서는 개인별로 과제를 구체화하여 제출한 후 수업에서 전체 공유를 하며 다듬게 하고, 2단계에서는 그룹토론을 통해 각자의 과제를 피드백하며 그룹의 과제로 최종 선정할 수 있게 한다.

이 방법에서의 핵심은 결국 과제를 단지 수행만 하는 것이 아니라 그 과제를 학생 스스로 만들어 보는 것이다. 실제 수업을 하다 보면 이 과정에서 학생들의 다양한 생각이 표출된다. 교수자가 일방적으로 하나의 과제만 제시할 경우와는 다르게 '아, 학생들이 학습목표를 저렇게도 자신의 과제에 활용하는구나.' 하는 생각을 하기도 한다. 즉, 과제의 모습이 다르게 나타나는데 그 과정을 수업 전체에 공유함으로써 과제 개발 단계에서부터 이미 지금까지 씨앗 뿌리기를 하면서 획득된 키워드들이 활용되고 관련 프라임 아이디어가 발전되도록 유도할 수 있다.

여기서 과제 제시나 개발 시점에 대한 아이디어가 떠오를 수 있는데, 학기 초에 관련된 키워드들에 대해 익숙한 정도가 약할 때에는 해당 수업을 수강했던 선배 학생들이 과연 어떤 과제를 수행했고 무엇을 배웠는지에 대한 사례를 제시해 주면 학생들에게 도움이 된다. 선배 학생들의 후기 동영상이나 글을 접하게 하면서 학생들에게 자신이 듣는 이 교과의 의미가 무엇일지 친숙하게 할 기회가 되기 때문이다. 이것은 교과에 대해 자신감을 가지고 또 학생 자신에게 어떤 이익을 줄 수 있는지를 파악케 하여 학습동기 유발에도 도움을 준다.

그러나 이때에도 유의할 점은 흔히 말하는 족보를 제공하는 것은 아니라는 점이다. 우리나라 대학에서 새로운 과제를 부여하면 많은 학생이 선배들이 작성했던 족보를 찾는 경우가 많다. 이 경우 학생들은 '사례를 보면 잘 할 수 있을 것 같다'는 명분을 내세운다. 그러나 WPBL에서는 이를 되도록 금지한다.

소위 족보는 개발도상국형 대량생산 교육모델에서 필요했던 효율적 학습방법은 될 수 있지만 4차 산업 시대 자신의 아이템을 스스로 만들어야 하는 인재교육 방법으로는 적합하지 않기 때문이다. 실제 기업현장에 가면 얼마든지 기존 족보들을 참조할 수 있을 것이기 때문에 대학수업 현장에서만이라도 족보 없이 스스로 새로운 것을 도전해 가는 과정의 연습이 필요할 것이다. 족보를 제공하면 학생들에게는 편할지 모르겠으나 학생들이 제출하는 결과물들이 얼마나 기존 족보를 극복하여 자신만의 창의적 내용을 담고 있는지 점검해 봐야 한다. 학생은 족보를 만나는 순간 그대로 답습하는 경우가 더 많기 때문이다.

5. 골세팅과 미션구체화 활용 수업 후기

후기 01

"이때까지 학습을 하면서 학습 목적과 목표를 내가 설정한다는 것이 처음이었는데, 이 과정에서 교수님이 우리 모두의 개인차를 고려하고 있고 학생 한 명 한 명 모두의 수준을 고려하는 수업을 진행하고 있다는 것을 몸소 느꼈다. 내가 본 강의에서 얻어가고 싶은 것을 기반으로 학습목적과 학습목표를 설정하기 때문에 학습동기 자체를 유발하는 데 엄청 효과적이었다."

후기 02

"학습목적과 학습목표를 수립하면서 내가 나아가야 할 방향에 대해 생각해 보는 계기가 되었다. 평소에 수업을 들으면 학습목적이나 학습목표는 보지 않고 그냥 무작정 수업을 듣기만 했다. 그러다 보니 중간중간에 '내가 이걸 왜 해야 하지?'라는 생각이 들 때가 있다. 그러다 보니 조금씩 소홀해지게 된다. 그런데 학습목적과 학습목표를 직접 수립해 보면서 내가 어떤 방향으로 나아가야 하는지, 어떤 목표를 달성해야 하는지에 대해 명확히 알게 되어 조금 더 목적지향성이 뚜렷해진 것 같다. 그러다 보니 '내가 이걸 왜 해야 하지?'와 같은 생각들이 줄어들게 되며, 내가 세운 목표를 달성하겠다는 생각으로 더 열심히 임하게 되는 것 같아서 학습목적과 학습목표 수립은 나에게 많은 도움이 되었다고 생각한다."

후기 03

"미션과제 만들기가 도움이 된 점으로는 우선 그룹회의를 오랫동안 했기에 동기들과 우정이 끈끈해지며 동기사랑을 실천할 수 있었다. 또한 기말과제를 확정하는 과정에 직접 관여함으로써 개인적 통제감을 느끼며 학습동기가 올라감과 동시에, 현재 배우고 있는 내용에 대하여 미션을 선정하는 것이니, 배우고 있는 내용들을 자연스럽게 복습하게 되었다."

후기 04

"미션과제를 만들면서 해당 개념들을 조금 더 명확하게 알게 된 것 같다. 과제를 만들려면 과제에 포함되는 개념들을 명확히 알고 있어야 한다고 생각한다. 왜냐하면 구체적인 평가 기준을 작성해야 하기 때문이다. 그렇기 때문에 개념들을 조금 더 명확하게 알게 된다. 이번 미션과제를 만들면서 동기문제에 대해 조금 더 알게 된 것 같다. 전에는 확신이 없었지만, 조원들과 의견을 나누면서 동기문제에 대해 조금 더 자세하게 알게 된 것 같다."

후기 05

"스스로 동기이론과 수업설계 수업에 대한 학습목적과 학습목표를 수립하는 활동을 통해서 수업에 대한 주도성을 가질 수 있었다. 학기 초반에 나만의 학습목적과 학습목표를 수립하지 않았을 때는 단순히 수업을 듣고 끝내기만 했다. 그러나 나만의 학습목적과 학습목표를 세우니까 수업활동에 더욱 적극적으로 임할 수 있었던 것 같다. 직접 세운 학습목적과 학습목표를 달성하기 위해서 이러한 주도성이 생기게 된 것 같다. 이번 활동을 통해서 학습의 방향이 학습을 지속하게 한다는 걸 한 번 더 깨닫게 되었다."

후기 06

"미션과제를 직접 만들어 보면서 학습의 수준을 한층 높일 수 있었다. 지금까지의 모든 과제의 형태는 교수님들께서 제시해 주신 것에 대해 과제를 수행하는 형태였다. 어떻게 보면 교수님께서 하라고 지시한 부분을 왜 하는지 아무런 목적 없이 그저 수행하고 그칠 수 있다. 그러나 직접 과제를 수립하는 활동을 통해서 과제를 하는 목적을 이전보다 구체화할 수 있었다. 그리고 처음으로 직접 과제를 수립하면서 학습목적과 학습목표를 고려하고, 과제기간을 고려하며, 평가의 준거를 구체화하는 방법을 배울 수 있었다."

7장

말하기

말하기는 적극성의 표현이다

성공하는 수업에서 학생들의 역할은 무엇일까? 학생들이 열심히 노트필기를 하고 잘 이해하여 시험에서 좋은 성적을 올린다면 학생의 역할을 잘 수행했다는 견해가 많을 것이다. 여기서 학생의 모습을 한번 떠올려 보면, 조용히 앉아서 열심히 머릿속으로 생각하며 교수자의 말 하나하나 적어 가면서 공부하는 학생은 우등생의 모습이다. 소위 수업에서 성공하는 친구들의 품위 있는 모습이기도 할 것이다.

그러나 WPBL에서는 이렇게 말없이 조용히 듣고 있는 학습만을 기대하지 않는다. 침묵하며 경청만 하기보다는 오히려 입을 열고 말을 하라고 안내한다. 학습의 과정에서 자기만의 지식형성 과정에 집중하는 것을 경시하는 것이 아니라 거기에 더하여 동료 학생들에게 입을 열어 자신의 적극성을 보여 주고 그것을 통해 지식 이해의 폭과 깊이를 발전시켜 나가라고 안내한다.

우리 대학에서 학생들은 어떤 모습인가? 과연 모두가 품위 있는 모습을 유지하고 있을까? 입을 꾹 다물고 조용히 내용에 집중하며 자기만의 지식형성에 성공하고 있을까? 그렇지 않을 것이다. 대학생인데 공부하는 방법은 고등학교 때와 같이 교수님의 말씀을 토씨 하나 빠트리지 않고 적어 내는 모습, 그냥 듣는 둥 마는 둥 몇 글자 노트필기하고 있는 모습, 휴대폰으로 키워드만 적는 모습, 아니, 아예 아무것도 하지 않고 그냥 앉아 있는 모습 등등. 이 모습들의 공통점은 학생들이 말을 하지 않는다는 것이다.

안타깝게도 우리 대학수업 현장에서 학생들은 입을 다문다. 이러한 교실 상황을 바꾸어 새로운 학습경험의 기회를 제공할 책임이 대학 교수자에게 있다고 볼 수 있다. 그것이 학생들이 대학에 와야 하는 이유가 될 수 있다. 교실에서 교수자가 일방적으로 지식을 전달하는 것이나 심지어 인터넷 강의에서 1타 강사가 정답과 정확한 해설을 계속 강조하는 방식에 익숙해 있다면 그것을 깨 줄 수 있는 곳은 대학수업이어야 한다. 그래야 학생들이 공존의 발전을 위해 함께 어울리며 성장해 갈 수 있기 때문이다.

1. 말하기의 중요성

말하기는 먼저 'GIVE'하는 것이다

말을 한다는 것은 뭔가 의사를 표현하는 것인데 말이 없다는 것은 지금 학생의 마음속에 뭔가 자연스럽지 않은 현상이 발생하고 있다고 이해할 수 있다. 그래서 학생들에게 한번 물어볼 필요가 있다. 왜 수업시간에 말이 없는가? 이렇게 필자가 물었을 때 학생들의 응답은 다양하고 너무도 현실적인 것이었다.

- "내용을 이해하려 하는데 잘 떠오르지 않아요."
- "아직 이해가 잘 안 되어서 말하기가 그래요."
- "말을 하는 것이 두려워요."
- "친구들에게 창피할 것 같아요."
- "틀렸다고 교수님한테 혼날 것 같아요."
- "말할 시점을 찾는데 다른 친구가 말을 해서 놓치고 있어요."

- "교수님, 저도 말을 해야 한다는 것을 알지만 습관이 안 되서 어떻게 할지 모르겠어요."
- "말하는 친구들 모습을 보면 나도 저래야 하는데라고 생각하고 있어요."

이러한 응답들을 이유로 말을 안 하는 것이 학생들의 현실이라면 독서실에 혼자 앉아 열심히 책을 읽는 모습과 다를 바가 없을 것이다. 누구로부터도 방해받지 않고 스스로 자기 공부를 하는 모습이 멋질 수 있지만 그것은 독서실에서의 모습이다. 과연 그러한 상황이 수업시간에 바람직한 모습일까? 수업에서는 뭔가 다른 모습이 필요하지 않을까?

WPBL에서는 수업시간에 먼저 말을 하는 것이 'GIVE' 하는 것이라고 강조한다. 수업은 단지 'TAKE'만 하는 곳이 아니며 내가 뭔가 주어야 더 많은 것을 가져올 수 있다는 것이다. 학생들이 말을 하기 시작할 때 수업은 독서실이 아니라 다른 학생들과 학습공동체를 만들어 가는 지적인 나눔의 장으로 바뀔 수 있기 때문이다. 말하기를 주요 학습활동으로 활용함으로써 우리 대학생들은 새로운 학습경험을 할 수 있다. 말을 안 하고도 공부를 잘한다는 것을 부정하는 것이 아니라 오히려 말을 함으로써 더욱 그 학생의 학습을 촉진할 수 있다고 기대하기 때문이다. 말하기를 통해 WPBL에서 중시하는 메타인지, 지식형성, 문제인식, 공감의 내적 사고활동을 촉진할 수 있다. 즉, 사고가 살아 있도록 도와주는 역할을 하는 것이 말하기라고 할 수 있다.

동료티칭은 말하기의 '꽃'이다

말을 한다는 것은 많은 것을 포함한다. 간단한 인사말, 감정의 표시, 궁금증의 질문, 자신의 이해도 설명, 다른 의견 제시, 강한 주장, 수업에서의 발표, 동료티칭 등등 수업에 활력을 줄 수 있는 다양한 말은 결국 수업의 에너지가 된다. 말을 통해 메시지가 교환되어야 하는데 우리 수업현장에서 그러한 메시지 교환과 그에 수반하는 에너지 창출이 활발한지 한 번쯤은 생각해 볼 필요가 있다.

특히 동료티칭은 말하기의 '꽃'이다. 동료티칭은 이타적인 말하기이면서 결국 자신에게 도움이 되는 활동이다. 수업 중간중간에 학생들에게 자신이 이해한 것을 설명해서 동료들을 가르쳐 보는 경험을 하는 것이다. 처음에는 비록 어색하고 어설픈 동료티칭을 하더라도 학생들 사이에서는 동료티칭을 하면서 또는 들으면서 자기 지식의 형성과정을 점검하는 경험을 하게 된다.

다시 말해, 동료티칭이란 같은 학습자의 입장에서 내가 아는 것을 동료들에게 GIVE하는 활동이다. 지식을 GIVE한다는 것은 서로의 관계에서 능동적인 모습을 보인다는 의미이다. 처음에는 학생

들이 주저주저한다. 그러나 동료티칭을 한두 번 경험하기 시작한 학생들은 서서히 입을 열기 시작한다. 내가 하는 말이 비록 서툴러도 '나는 말을 했네.' '처음에는 긴장되었지만 해 보니 내게 도움이 되네.'하고 느끼기 시작하기 때문이다.

WPBL에서 학생들에게 말하는 기회를 주기 위한 동료티칭을 강조하는 것은 어쩌면 당위라고 할 수 있다. 동료티칭을 해 본다는 것은 자신이 아는 내용이 남에게 어떻게 도움을 줄 수 있는지를 알게 하는 기회가 된다. 지금까지 우리 학생들은 그러한 기회를 가져 보지 못했다. 모든 것이 교사의 정답과 연결되어야 했으며 그것이 곧바로 시험에서 성적으로 나타나야 칭찬을 받는 구조였다. 즉, 학생들이 자신이 알고 있는 것에 대한 자기판단의 기회를 가지지 못했다는 것이다.

그런데 동료티칭은 나를 넘어 남에게 GIVE함으로써 내가 행복해질 수 있다는 것을 체감하는 기회가 된다. 내가 알고 있는 것을 활용해 볼 기회라는 측면에서 동료티칭은 내적 동기유발의 계기가 되기도 한다. 한마디로 동료에게도 나에게도, 모든 학생에게 기쁨을 줄 수 있다.

함께하는 수업에서 동료티칭은 서로에게 공감을 기반으로 한 자극제의 역할을 하기도 한다. '어, 저 친구 처음에는 아무 말이나 하는 것 같았는데 몇 번 하더니 점점 좋아지네.' '어, 동료들에게 자기 것을 나누면서 뭔가 발전하고 있는 것 같네.' '동료들에게 설명하면서 내 지식이 더 정리되는 것 같네.'라는 생각이 퍼지기 시작한다. 실제로 필자의 수업에서 그렇게 발전하는 학생들이 수업의 분위기를 리드해 가는 사례가 많이 발생한다. 다음은 말하기를 경험한 학생의 소감이다.

"처음에는 두서없게 말하는 듯하다고 스스로도 많이 느꼈고, 긴장한 탓에 말의 빠르기가 빨라지기도 했는데, 수업시간에 계속해서 말하기를 시도하면서 내 PT 능력이 많이 발전되었다는 것을 스스로 많이 느꼈다. 이 또한 내가 자신감을 갖고 더 많은 시도를 하게 되는 계기가 되어 주었다. 교수님께서 틀리더라도 우릴 혼내는 것이 아니라 오히려 시도했다는 부분에서 용기를 칭찬해 주시며, 내가 부족했던 부분을 짚어 주시면서 이 부분을 고칠 수 있게 해 주셔서 많은 발전을 할 수 있었기 때문이다.

두 번째로는 이해도를 계속해서 점검할 수 있었다. 교수님의 코칭 때도 말씀드렸던 점이지만, 나는 내가 말하는 것을 계속해서 시도하다 보니 자연스레 수업에 더 집중하게 되며 말하기를 통해 내가 잘못 이해한 부분이 있나 점검할 수 있었다. 교수님께서 내가 잘못된 방향으로 가면 그게 아니란 것을 알려 주시고 다시금 설명해 주셔서 나는 수업시간에 현장에서 제대로 이해하고 넘어갈 수 있었다.

교수님의 관점에서만이 아닌 동료들의 관점에서 어떤 점을 놓치고 있었는가에 대한 다양한 피드백을 받을 수 있었다. 그 결과, 초반의 내 모습에 비해 현재 더 발전되었다는 느낌을 받을 수 있었다."

2. 말하기 활용 수업

입을 열지 않는 이유는 다양하다

학생들이 수업에서 말을 안 할 때 교수자는 먼저 그 원인을 구체적으로 파악할 필요가 있다. 그리고 그에 따른 교수전략이나 교수전술을 활용하여 자연스럽게 학생들이 입을 열 수 있는 분위기를 만들어 주어야 한다. 첫째, 학생들이 내용에 대한 이해가 잘 되지 않아서 입을 열지 않는 경우가 있다. 이러한 경우 학생들은 뭔가 자신이 제대로 알지 못하고 있다는 생각을 하게 된다. 방금 전에 교수님이 말씀하신 내용을 내가 잘 모르는데 무슨 말을 하지 하는 생각이다.

둘째, 이해는 되는 것 같은데 아직 내 머릿속에 정리가 안 된다는 반응을 하기도 한다. 이러한 반응은 열심히 학습하는 학생에게도 의외로 많이 나타난다. 이는 방금 학습한 내용을 자신의 스키마에 연결하는 작업이 진행 중이라는 의미이다. 뭔가 알 것 같은데 아직 나의 말로 꺼내는 수준까지는 아니라는 것이다.

셋째, 뭔가 떠오르는 질문거리가 없다는 반응이다. 그냥 교수님이 말씀하신 것을 내가 알기만 하면 되는 것이지 뭔가 나만의 지식구성의 필요성을 느끼지 못하므로 딱히 할 말이나 질문을 내놓을 수 없는 것이다. 능동적 학습에 익숙하지 않은 많은 친구가 보이는 모습인데, 이는 지금 배우고 있는 지식이 자신들의 삶의 현장문제와 연결되지 않기 때문에 나타나는 경우가 많다. 혹시 궁금증이 있더라도 그냥 이해 안 돼 또는 잘 모르겠어라는 정도의 느낌을 가지는 수준이지 그게 왜 그렇지 또는 내가 뭘 알아야 하지라는 생각은 안 떠오른다는 것이다.

넷째, 머릿속에 이해도 되고 할 말도 떠오르는데 말을 하려 하면 다른 학생이 먼저 비슷한 말을 하기에 타이밍을 놓친다는 반응이다. 이러한 반응은 비교적 성적이 우수한 학생들도 보이는 것으로서 사실은 커뮤니케이션에 미숙하기 때문이라 할 수 있다. 즉, 알고 모름의 문제가 아니라 적절한 시점을 잡아내어 상황을 자신의 주도로 이끌어 가는 데 어려움을 느끼는 경우이다.

다섯째, 말은 하고 싶고 해야 할 것 같은데 뭔가 두렵다는 반응이다. '혹시 내가 잘못 말했을 때 동료들이 나를 우습게 보면 어떻게 하지?' '교수님이 틀렸다고 혼내면 어떡하지?'라는 불안감이 원인이다. 이러한 반응은 학생들이 지금까지 수업에서 말하기를 많이 경험하지 못한 경우에 보이는 모습이다. 따라서 수업에서 말하는 경험이 필요하다.

시행착오는 젊음의 특권이다

이상의 상황에서 교수자가 제일 먼저 강조해야 하는 것은 시행착오는 젊음의 특권이라는 메시지를 지속적으로 강조하는 것이다. '틀려도 다시 하면 되지.'라는 생각을 가지도록 하는 것이 출발점이 된다. 정답과 성공만을 말하고 싶은 결과주의에서 학생들이 벗어나게 도와줄 필요가 있다. 수업은 자신의 성공을 보여 주는 곳이 아니라 실패를 통해 발전해 가는 과정을 경험하는 곳이라는 인식을 하도록 강조해 주어야 한다. 절대로 학생들을 무안하게 해서는 안 된다. 정확한 피드백을 주되 개선할 수 있도록 포인트를 함께 언급해 주는 것이 좋다. 그리고 인내하며 기다리면 학생들은 시행착오를 통해 점차 발전한다.

즉, 여러분이 이 수업에 참여하는 이유는 알고 있는 것을 자랑하기 위한 것이 아니라 모르기 때문에 그 결핍을 해결하기 위해 탐색도 하고 동료들과 힘을 모아 서로 발전해 가는 것이라는 메시지가 수시로 전달되어야 한다. 사실, 학생들이 입을 여는 데까지는 의외로 시간이 많이 걸리는 상황이 대부분이다. 그만큼 우리 대학생들은 입을 열고 말을 하며 그 과정에서 배워 가는 것에 익숙하지 못하고 대개는 머릿속으로 침묵하며 이해하고 받아들이는 정도에서 학습을 진행하는 모습을 보인다.

필자의 경우에는 'Focus on the process(과정에 집중하자)!'라는 문구를 수시로 강조한다. 아예, 인생을 즐겁게 살기 위한 성공 포인트로 강조하기도 한다. 지금 학습하고 있는 과정에 집중하고 결과에 연연하여 틀릴까 봐 정답만을 추구하는 자세는 버리라는 강한 메시지이다. 아직 내가 정답이라는 결과를 파악하지 못했다고 시행착오의 과정을 겁내며 입을 닫지 말라는 것이다. 함께 수업을 하는 것은 그러한 지식 전쟁터에서 살아남는 과정을 함께 연습하기 위한 것인데, 그렇지 않다면 차라리 혼자 인터넷을 뒤지며 독서실에서 학습하면 되지 학교에 올 필요가 없기 때문이다.

학생들은 서서히 입을 연다

앞에서 언급한 다섯 가지 이유로 인해 학생들은 스스로 말문을 쉽게 열지 못하지만 그래도 교수자는 끊임없이 학생들에게 말할 기회를 만들어 주어야 한다. 학생들이 자발적으로 입을 열지 못할 때 교수자가 의도적으로 기회를 제공하는 것 자체가 학생들에게는 말하는 것의 중요성에 대한 강한 메시지가 된다. 그 방법의 하나가 필자가 주로 사용하는 동료티칭이다.

정말로 아무도 말을 하지 않을 때 필자는 한두 명 지명하며 동료티칭을 해 보라고 한다. 여기서부터 중요한 것은 학생들의 반응을 받아들이라는 것이다. 어떤 학생은 아직 잘 모르겠다고 한다. 어떤 학생은 조심조심 말을 한다. 어떤 학생은 뭔가 어설픈 말을 한다. 물론 어떤 학생은 깔끔하게 자신이 아는 것을 동료들에게 설명한다. 어떠한 상황이든 교수자는 학생들에게 함께 박수를 치도록 격려한다. 이 또한 해당 학생들에게 '말하는 것의 중요성에 대한' 강한 메시지로 작동할 것이기 때문이다.

이러한 과정이 반복되면서 한두 명 말을 하며 지난 수업시간에 이어 뭔가 발전된 모습을 보이게 되는데, 교수자는 '역시 말을 하니까 생각이 구체화되는구나.'라는 한마디로 학생을 격려한다. 이는 다른 학생들에게 사회적 관찰학습의 기회를 제공하기 위함이다. 실제로 서서히 발전하는 학생들은 언제든지 나타날 수 있다. 교수자가 어떻게 이끌어 내는가에 따라 다를 뿐이다.

WPBL 현장에서 말을 해야 자신의 지식형성에 도움이 된다는 생각이 서서히 확산되는 것은 바로 이러한 분위기 형성과정을 거치면서 발생한다. 비록 지금은 입을 꾹 닫고 듣기만 하지만 '어, 어떤 학생이 말을 하면서 점점 나보다 발전되어 가고 있네.' 하고 느끼는 순간 그 학생은 이미 말하기를 시작하고 있다고 볼 수 있다. 나도 말을 해야 하는데라는 생각이 퍼져 나가는 데 보통 1학기가 걸리기도 한다. 그만큼 우리 학생들이 수업에서 입을 여는 것을 어려워하는 것이 현실이다.

동료티칭을 해 보라고 하면 학생들은 대부분 처음에 망설인다. 그 이유는 말을 안 하는 이유와 비슷하기도 하지만 가장 중요하게는 내가 동료티칭을 할 만큼 제대로 알고 있나라는 생각을 하기 때문이다. 그러나 WPBL에서는 틀려도 시도하라는 메시지를 계속 전달한다. 그것이 단순 말하기이든 아니면 동료티칭이든 일단 입을 여는 것이 수업에서 학습의 진정한 모습이라는 것을 학생들이 인식하는 데 많은 시간이 걸린다. 그렇기에 교수자가 일관성 있게 메시지를 반복적으로 전달해야 한다. 그렇게 시도하다 보면 서서히 한두 학생부터 입을 열기 시작하며 전혀 그럴 것 같지 않았던 친구가 어느새 수업에서 주도적으로 활발해지는 현상이 나타나게 된다. 그것이 WPBL에서 중시하는 학습활동의 본격화이다.

3. 말하기 활용 수업 후기

후기 01

"수업시간에 발생하는 생각에 대해서, 그 생각을 그리는 과정에만 집중하는 것이 아니라 직접 현장에서 표현하는 능력을 기를 수 있었다. 생각을 머금고만 있는다면 제대로 표현할 줄 모르는 것이라고 봐야 할 것이다. 직접 말로 뱉어야만 자신만의 지식이 된다는 것을 알 수 있었다.

다른 수업시간에는 교수자에 의해서 학습자는 가르침을 받기만 하지만, 문자해득 교육론 시간에는 학습자가 직접 다른 학습자를 가르침으로써 자신도 또 다른 지식 습득의 과정을 겪게 할 수 있다는 점이 매우 좋다고 느꼈다. 자신의 노하우나 자신만의 티칭 능력을 탐색하여서, 그 능력을 성장시킬 수 있었다. 동료들과 함께 성장할 수 있다는 점이 무엇보다 큰 장점이라고 느꼈다."

후기 02

"동료티칭은 그 무엇보다 나에게 많은 도움을 주었다. 정리하자면,

–나 자신이 학습내용에 대해 정확하게 알고 있는지 되돌아보게 된다.

–부족한 부분을 스스로 다시 공부하게 된다.

–동료에게 효과적으로 알려 주기 위한 방법을 모색하게 된다(본인의 말로 바꾸어 말하거나, 다 같이 이해할 만한 경험을 제시해 보기 등등).

–반대로 나 또한 동료가 알려 주니까 새로워서 집중이 더 잘 된다.

이와 같이 동료티칭을 통해 교재의 내용도 더욱 이해해 가기 쉬웠다. 동료들도 나처럼 열심히 노력해서 알려 주고자 하니까, 그 정성도 보여 더욱 집중하려고 했다."

후기 03

"타인 설명하기는 아주 효과적인 학습방법 중 하나인데, 수업시간에 동료티칭을 하는 활동을 통해 내용을 스스로 이해하고, 복습하는 것에 도움이 되었다. 이러한 방법의 학습을 통해 자연스럽게 내용이 더 오래 기억에 남게 되었고, 서로 설명하고 듣는 과정이 재미도 있었다. 수업시간에 말하는 것도 익숙하지 않았었는데, 이러한 활동이 많은 도움이 됨을 느꼈다. 수업시간에 말을 하는 것이 자연스럽게 생각을 정리하고 말하는 역량을 기르는 것에 도움이 되었고, 이는 곧 발표 역량으로도 이어진다고 생각한다."

8장

토론하기

토론하기에 대한 부정적 경험을 극복해야 한다

수업에서 토론이 필요 있을까라는 생각도 할 수 있다. 그냥 학생들이 각자 잘 알아듣고 열심히 하면 되지 토론을 한다고 좋아지나라는 의문도 들 수 있다. 실제로 토론을 하면서 좋은 경험을 가진 학습자도 있지만 그렇지 못한 학습자도 있다.

우선 국립국어원의 정의에 따르면 토론이란 어떤 문제에 대하여 여러 사람이 각각 의견을 말하며 논의함이고, 토의란 어떤 문제에 대하여 검토하고 협의함이다. 전자는 설득이 목적이고, 후자는 협의가 목적이라고 한다. 이러한 개념 구분이 시사하는 바는 토론이나 토의에 참여하는 당사자들의 태도와 목적이 무엇인가를 중시해야 한다는 점이다. 이 책에서는 토론과 토의를 구분하지 않고 토론으로 통일하여 사용한다.

즉, 토론을 통해 특정 이슈나 문제에 대해 설득이나 해결안 협의가 발생하면 성공이라는 입장을 취한다. 설득이나 협의의 판단은 결국 토론 참여자들의 판단문제이며 일단 결론이 나면 모두 수용하는 것이 필요하다는 점을 중시한다. 이는 토론의 과정에서 설득목적이든 협의목적이든 참여자들 간에 무엇을 어떻게 주고받는가가 중요한 것이며 나아가 최종 결론에 대해 일단 모두 받아들이는 것이 필요한 것임을 강조하기 위함이다. 만약 결론이 난 후 실행단계에서 결론의 오류들이 나타나면 재토론하여 결론을 다시 도출하고 그 과정에서 상생하는 긍정적 태도를 갖는 것이 학습자로서 가져야 한다는 의미이다.

그런데 아쉽게도 우리 대학수업 현장에서 학생들이 토론하기를 싫어하며 억지로 토론에 참여하는 모습이 발견되곤 한다. 토론에 대해 부정적 경험을 가진 학생들은 여러 가지 이유를 말하곤 한다.

- "내용을 이해하려 하는데 잘 떠오르지 않아요."
- "아직 이해가 잘 안 되어서 말하기가 그래요."
- "토론은 시간 낭비예요."
- "내 의견이 무시되는 것 같아요."
- "말 많고 목소리 큰 애들 뜻대로 가잖아요."
- "토론하는 방법을 잘 모르겠어요."
- "내가 말하려고 하면 누군가 벌써 하고 있어요."
- "아무도 의견 제시를 안 하는데요."
- "내가 이런 그룹에서 어울려야 하나요."

이러한 부정적 느낌을 극복하지 못하면 토론은 성공할 수 없다. 이러한 의견들 중에서 특히 '토론은 시간 낭비예요.' '내가 이런 그룹에서 어울려야 하나요.'라는 생각을 보이는 것은 WPBL을 방해하는 가장 경계해야 할 태도이다. 이러한 태도는 철저한 자기 위주의 이기주의적 생각을 반영하는 것이며 나아가 상대방이 나와 다를 수 있다는 점을 무시하는 것이기 때문이다.

WPBL 참여자는 항상 긍정적인 자세로 배려의 마음을 가지고 공감하며 참여자 모두의 현재 모습을 인정하는 것이 필요하다. 특정 가치 기준에 따라 상대방의 다른 점을 폄하하게 되면 동료 참가자들이 수준이 낮다고 생각하기 쉽다. 이는 전형적으로 학생들의 편견으로부터 발생하는 것인데, WPBL에서는 교수자가 동료 학습자의 서로 다름을 존중해야 한다는 메시지를 일관성 있게 반복하여 학생들에게 전달해야 한다.

1. 토론하기의 중요성

토론하기는 상생의 장이 될 수 있다

토론활동은 타인의 아이디어를 직접 듣는 과정에서 다양한 타인의 새로운 관점을 파악하고 존중하게 한다. 이 부분이 특히 중요한 것은 프라임 아이디어의 발전과정에서 편협함을 극복하게 하기 때문이다. 이러한 토론의 과정에서 학생들은 하나의 중요한 가치를 경험하게 되는데, 내 아이디어가 정답이고 최고라는 생각으로 타인 의견을 무시하는 태도가 궁극적으로 자신의 발전에 도움이 되지 않음을 자각하는 것이다.

WPBL에서 토론하기를 반드시 포함할 것을 권장하는 이유가 바로 '나는 맞고 타인은 틀리다'라는 이기주의적 태도를 벗어날 수 있는 기회가 되기 때문이다. 나만 맞는 게 아니고 타인도 맞을 수 있

다는 겸허한 자세를 직접 경험함으로써 궁극적으로 서로의 다름을 인정하는 태도를 갖추게 하는 것이다. 서로 다름을 인정한다는 것은 우리 대학의 교육현장에서 반드시 존중되어야 하는 행동 가이드라고 할 수 있다.

수능시험을 준비하고 통과하는 과정에서 우리 대학생들은 끊임없는 비교의식의 함정에 빠지게 되어 있다. 타인의 잘함을 인정하기보다는 오히려 나는 왜 못하지, 아니면 못하면 어떻게 하지라는 심리적 갈등을 경험하게 된다. 그리고 이러한 비교의식은 상호 불신으로 이어지며 결국은 서로가 모두 패배자가 되는 열등의식 사회를 초래하게 된다.

WPBL을 기업에서 활용할 때도 비교의식이 전혀 없어야 한다고 말할 수는 없지만 가능한 한 공동의 가치와 이익을 전제로 서로 다름을 인정하는 가운데 업무와 학습이 동시에 이루어지도록 하는 것이 중요하다. 대학에서부터 WPBL을 통해 이러한 토론활동을 미리 경험하게 하는 것이 4차 산업 시대를 선도는 인재양성의 지름길이라고도 할 수 있다.

서로 다름을 인정하는 가운데 나의 아이디어와 타인의 아이디어를 가지고 서로 협상하는 현장이 토론활동이기도 하다. 협상이라는 단어가 뭔가 이익을 전제로 한다는 느낌도 들지만 실제 학생들이 주고받는 타협의 연습을 할 필요가 있다. 따라서 토론하기는 수업현장에서 'GIVE & TAKE'를 실행하는 중요 활동이라 할 수 있다. 앞 장의 '공감하기' 장에서 언급한 조망수용(perspective taking)이 본격적으로 발생해야 하는 곳이 바로 토론하기의 장이다. 활동 자체가 타인의 관점을 파악하고 내 것을 발전시키기 위한 것이므로 토론하기는 관점의 나눔을 통한 상생의 장이 될 수 있다.

수업활동에서 혼자 고립되지 않고 동료 학습자와 함께한다는 그 사실을 즐길 수 있어야 하는데 지금까지의 수업현장은 서로가 점수를 향해 경쟁하는 비교의 장이었다는 비판을 해 볼 필요가 있다. 물론 건전한 경쟁도 필요하지만 역발상으로 그 과정을 모두에게 털어놓고 거기서 서로의 다름을 인정하게 하면 오히려 학생들에게 보다 긍정적인 결과를 가져올 것이다.

토론하기를 통해 학생들은 삶에서의 타협을 연습한다고 생각된다. 팀이 구성되면 팀토론 전략을 수립하고 누군가는 조율하고 참여해야 하는 상황이 형성된다. 이 과정에서 학생들 사이에 자연스럽게 리더십과 팔로십이 향상될 수 있다. 내가 내 것을 얻기 위해 어떻게 이끌어 가야 하고 나는 반대로 어떻게 협조해야 내가 원하는 것을 얻을 것인가에 익숙해지는 과정이 WPBL에서 토론하기이다. 즉, 협의하며 함께 결론을 내는 과정을 경험하면서 개인은 성장하고 기업의 성과는 향상될 것이다.

2. 토론하기 활용 수업

토론방법으로서 'on the table(탁자 위로)' 원칙을 준수한다

WPBL에서 토론이나 토의를 활용하되 되도록 논쟁(debate) 활용은 권고하지 않는다. 논쟁을 통해 학생들의 역량이 발전되는 측면도 있지만 WPBL에서는 논리를 가지고 상대방을 이겨야 한다는 생각을 지나치게 강조하지 않기 때문이다(그렇다고 논쟁의 좋은 가치를 부정하는 것은 아니다). 논쟁을 잘해서 내가 이겨야 한다는 생각보다는 동료 학생들과 함께 누가 더 좋은 아이디어로 서로의 발전에 기여하는가라는 접근을 취하는데, 이는 서로의 다른 점을 인정하는 것이 상생과 발전의 토대라는 점을 강조하기 때문이다.

WPBL에서는 'on the table(탁자 위로)'이라는 방법론을 중시한다. 토론을 못하는 친구들일수록 자기 것을 관철시키려고 한다. 누군가 자기 것에 대해 비판하면 언성을 높이거나 과장된 행동을 한다. 'on the table(탁자 위로)' 방법론에서는 도시락을 싸 오는 점심시간을 가정한다. 즉, 각자 맛있는 반찬으로 도시락을 싸와 점심을 함께 먹을 때 일단 가운데 테이블 위에 맛있는 것들을 모두 올려놓는다는 가정이다. 일단 올려놓는 순간 그 맛있는 것은 내 것이 아니라 함께 나눠 먹을 수 있는 것이 된다는 것이다.

테이블 위에 맛있는 것들을 올려놓고 함께 나눠 먹듯이 학생들이 가져온 다양한 아이디어를 모두 테이블 위에 올려놓고 맛있는 부분을 함께 챙겨 먹으면서 꼭꼭 씹어 자기 것으로 만들어 가는 활동이 WPBL의 토론활동이다. 서로 씹어 먹으면서 맛있다 맛없다

〈'on the table(탁자 위로)' 토론원칙〉

얘기를 하며 깔깔 웃고 하는 긍정적 활동을 지향하며 그러한 가운데 토의를 진행하거나 토론을 통해 합의를 도출할 수 있다.

교수자가 유의해야 할 것은 토론의 목적과 구성원의 역할을 분명하고 구체적으로 안내해야 하며 필요시 연습기회를 제공해야 한다는 것이다. 필자는 학생들이 의외로 빨리 적응하는 것을 현장에서 종종 목격한다. 학생들이 기존의 비교의식에서 벗어나 서로의 다름을 인정하는 가운데 열띤 토의와 토론으로 자기 아이디어를 만들어 가는 모습을 보는 것이 교수자의 행복이어야 한다.

토론의 목적별로 전략을 세우도록 한다

토론활동은 크게 세 가지 유형으로 실시될 수 있다.

첫째, 전체토론이다. 학생 수가 몇 명 되더라도 전체 학생들에게 발언기회를 주고 자유롭게 의견을 제시하게 하는 것이다. 이는 서로의 다름을 전체 학급에 인식시키는 가장 효율적인 방법이다. 서로 다름을 인식하는 순간 학생들은 자신만의 견해가 바로 옆자리에 앉아 있는 동료의 것과 다를 수 있음을 확인하게 되고, 따라서 뭔가 조율이 필요하다는 대안을 생각하게 된다. 전체토론에서 학생들의 자발적 발표가 이루어질 때마다 필자는 가점을 주어 그 행동을 격려하고 관찰학습이 되도록 한다.

둘째, 소모임토론이다. 3~5명, 필요시에는 그 이상의 학생들을 하나의 소모임으로 구성하고 그들에게 자신의 문제나 아이디어를 공유하고 서로 나누게 하는 것이다. 교수자가 토론을 통해 수행해야 할 미션을 분명히 제시하는 것이 필요한데, 방금 전 교수가 전달한 내용에 대해 서로 이해했는지 확인하기, 자신이 아는 것을 동료 코칭해 주기, 프로젝트 일정 수립하기, 학습해야 할 학습이슈를 합의하기 등의 다양한 목적을 구체화할 수 있다. 필자는 각자 이해한 것을 서로 확인해 주기 위한 소모임토론을 수업에서 자주 활용하는 편이며 토론 중에 소모임마다 방문해서 모니터링하고 피드백을 중간에 해 주기도 한다.

특히 소모임토론을 위해서 필자는 토론전략을 먼저 세우라고 조언한다. 1학년 1학기 처음 시도할 때 많은 학생은 우왕좌왕하게 되는데, 일단은 그대로 놔두었다가 전체 성찰시간에 소모임에서 리더와 팔로어의 역할이 중요하고 리더가 중심이 되어 토론 운영전략을 세우지 않기 때문에 혼란이 발생하는 것이라고 피드백한다. 그러나 아무리 강조해도 학생들이 소모임을 할 때마다 그 목적에 맞는 토론전략을 세우는 것을 놓치곤 한다. 교수자의 입장에서 기다리고 반복적으로 강조하며 방법론을 안내하는 것이 중요하다.

셋째, 직소토론이다. 직소토론법은 협동학습의 모델이었는데 WPBL에서는 개개인을 전문가로 발전시키는 과정에서 활용할 것을 권고한다. 물론 학생 수가 많을 때는 관리하는 것이 쉽지 않아 비효율적일 수 있지만 학생들이 한 분야의 전문가로서, 한편으로는 다른 분야의 일반인으로서 참여하며 지식탐색과 동료티칭을 함께 연습하는 방법론이다.

직소의 기본 방법론은 ① 팀별로 전문주제를 배정하여 학습하고, ② 전문주제 팀을 떠나서 학생들을 일반 팀에 배정하며(일반 팀에는 각각의 전문 주제별로 1명씩 참여), ③ 일반 팀에서 각각 주제별 전문가가 학습한 내용을 팀원들에게 티칭하고 질의응답을 하고, ④ 다시 주제별 전문 팀으로 돌아와서 자신들이 경험한 질의응답 내용을 집중 토론하는 과정을 거치며 그 과정에서 다양한 의견과 문제를 직접 경험하게 한다.

이러한 직소를 WPBL 수업에서 활용할 때 특히 필자는 다양한 변화를 시도한다. 예를 들어, 주제별 전문소모임 이후 반드시 성찰 시간을 주거나 공개발표를 하게 하여 자신들 토론의 문제점을 점검하게 한다. 일반 팀 소모임 완료 후에도 개인별로 자신이 제대로 참여했는지 성찰하는 시간을 가지도록 하거나 공개발표를 하도록 한다. 항상 자신의 학습활동을 돌아보며 초인지를 작동하도록 유도하고 발표를 통해 머릿속의 것을 공적으로 구체화하도록 하기 위함이다. 일종의 변형된 직소라고 할 수 있다.

3. 토론하기 활용 수업 후기

후기 01

"직소활동을 하면서 느낀 점. 사실 나는 이전에 중고등학교에서 직소활동을 해 본 적이 있다.그 당시에 처음으로 가르친다는 것은 가르치는 사람이 정확하게 알고 있어야 하는구나라는 것을 알게 되었다. 그 이후로 가르치기 위해서는 본인이 명확하게 이해하고 알고 있어야 한다는 것을 알고, 먼저 해당 내용에 대한 이해가 정말 잘 이루어졌는지에 대해 되돌아보게 되었다. 그리곤 주변 친구들이 질문을 하면 도와주면서 나 자신에게도 도움이 되었던 기억이 있다. 어쩌면 GIVE & TAKE의 의미를 그대로 담은 활동이 아닌가 싶다. 그때와는 다르게 이번 활동에서 또 깨달은 점은, 무엇보다 이 활동에서는 경청이 가장 중요하다 는 것이다. 본인이 듣지 않으면 정보를 그만큼 얻어 가는 것이 없다. 나 포함 다른 친구들도, 다른 팀의 대표가 본인 팀의 내용을 말하고 있으면 먼저 듣고, 추가적으로 본인이 빼먹은 건 없는지 되돌아보기도 했다. 경청은 배려의 한 부분이다. 직소활동 같은 경우에도 생각을 해 보면 그 속에 학습내용뿐만이 아니라 인생 문해, 대학 문해를 배워 가게 되었다."

후기 02

"교수님이 지정해 주신 모둠에 각각의 조원들이 전문가가 되어 교수님이 던져 주신 소주제(학습전략 'S-R-C-D-P-P-R'을 잘하는 법 두 가지)에 관해 토론하는 활동을 하였다. 발표를 하고 교수님의 피드백에서 우리 조가 놓친 부분이 있었다는 것을 그때 느꼈다. 소주제인 두 가지를 정리해서 말하지 못해 교수님의 기대 수준을 파악하지 못했고, 그래서 어떻게 하는 것인가라는 것을 소모임에서 논의하지 못했다. 자기성찰을 할 수 있는 계기였고, 다음 소모임으로 돌아갔을 때 조원들에게 알려 주어야 하는 부분임을 인지했다. 그 후 일반 소모임에서는 우리 조에서 발표한 Searching 이외에 여러 가지 학습전략에 대한 Speech를 들으면서 혼자서는 생각을 할 수 없는 다양한 학습전략을 들을 수 있었다. 다양한 학습전략을 들으면서 다시 우리의 전문 Searching 조로 돌아가서 공유를 하고, 우리 조가 놓쳤던 부분에 대해 다시 수정해야겠다는 생각이 들었다."

후기 03

"주변의 문제에 대해 인식하고 해결방안을 떠올릴 때 문제에 대해 내가 떠올린 것만이 아닌 여러 관점에서 WPBL을 진행할 수 있어 좋았다. 여러 방향에서 문제에 접근하게 되며 여러 관점에서 문제를 떠올려 볼 수 있다는 점이 토론하기의 가장 큰 도움이 된 점이라 생각한다. 또한 함께 과제를 진행하며 내가 약한 부분을 팀원이 보완해 준다는 점이 도움 되었다. 혼자서 해내기엔 내가 약한 파트가 있어 어려워하면 함께 토론하며 이 부분은 이렇게 하는 것이 좋을 것 같다 토론하는 과정에서 최선의 결과물을 만들어 낼 수 있었다는 것이 도움이 되었다. 디스커싱을 몸소 느낄 수 있었던 활동이라 생각한다."

9장

1차 노트

1차 노트는 현장의 역동성을 담는 현장 메모이다

수업시간에 학생들이 교수자의 모든 말 하나하나를 노트에 적는 경우들이 있다. 이 경우 학생들이 수업에 참여한 이유가 단순히 노트필기가 되며 자신만의 학습활동이 일어나지 않을 수 있다. 그리고 수업 후에 노트를 다시 보며 복습할 것이라고 한다. 그러나 이는 개선될 필요가 있다.

교수자는 학생들이 노트필기하는 내용을 전달만 하는 존재가 아니기 때문이다. 교수자는 학생들과 공감하고 호흡하며 가르치는 새로운 교과내용에 대해 학생들이 핵심을 파악하고 자신의 머릿속에서 프로세싱하여 자신만의 지식체계를 형성해 가도록 해야 한다. 그러나 학생들이 노트필기가 중요하다고 생각하여 오로지 적기만 한다면 학생들의 학습은 단지 주어지는 지식의 수용과정에 불과하게 된다. 물론 수업 후 복습을 한다고 하지만 얼마나 많은 학생이 복습을 할 것이며, 또한 학생들이 수업시간에 토씨 하나 안 틀리고 적어 놓은 내용이 참고서의 교재보다 나을 수 있겠는가? 그래서 교수자의 말을 그대로 노트필기만 하는 활동은 재고되어야 한다.

WPBL에서 추구하는 것은 현장에서 바로 학습이 시작되어야 한다는 것이다. 그것은 학생이 교실은 단지 지식을 받아서 정리하는 곳이고, 나중에 집에서 공부하여 시험을 잘 보면 된다는 구태의연한 논리를 지양한다는 것이다.

WPBL에서는 교실도 현장이라고 개념화한다. 비록 학생들의 연봉이나 이익이 오고 가는 업무현장은 아니지만 학생들은 모두 자신의 삶의 주체로서 자신만의 문제를 가지고 있고 교실은 그러한 문제들과 교과내용을 연계하며 해결해 가는 삶의 현장이다.

이러한 관점을 가지게 되면 학생들이 교실현장에서 바로바로 자신에게 필요한 지식을 식별하고 교실현장의 활동을 통해 자기 지식으로 만들어 가는 것이 필요하다는 것을 이해하게 되는데, 1차 노트는 결국 학생들이 순간순간 파악하는 포인트들의 현장 메모장이 되는 것이다. 이 경우 현장에서의 문제해결 활동이 곧 학습활동이 되도록 하는 것이 교수자의 진정한 역할이다.

1. 1차 노트의 중요성

1차 노트는 지식구성의 출발점이다

1차 노트가 중요한 이유는 현장에서 자신에게 필요한 지식을 선택하고 그것을 자신만의 방법으로 기록하는 과정에서 학습해야 할 교과내용에 대한 출발점의 역할을 하기 때문이다. 이때 출발점이란 학습의 과정에서 학습자가 남기는 흔적으로서 미래 학습에 대한 시작점이라는 의미이다.

1차 노트의 중요성을 이해하기 위해서는 우선 수업이라는 활동의 의미를 재정립해야 한다. 수업활동은 크게 교수활동과 학습활동으로 이루어진다. 교수활동이 교수자의 영역이라면 학습활동은 학습자의 영역인데, 학습자가 수업에서 어떠한 역할을 해야 하는가를 이해할 필요가 있다.

일반적으로 학생은 수업시간에 열심히 참여해야 한다고들 말한다. 그런데 실제로 열심히 하는 모습이 교수자의 설명이나 판서 사항을 토씨 하나 빠뜨리지 않고 노트에 적는 것이라면 재고할 필요가 있을 것이다. 아니, 열심히 노트필기 하는 게 왜 문제가 될까라는 의문이나 반문도 가능하지만 열심히 복사하는 듯한 노트필기만 하면서 그것을 자신의 지식체계에 진정 접목시킬 수 있는지 의문이 들기 때문이다.

열심히 노트필기 자체에만 몰두하는 학생들은 대개 지금은 모르겠지만 나중에 집에 가서 열심히 이해해야지라는 생각을 가지기 쉽다. 그러나 이것은 WPBL에서 지양하는 것이다. 그 이유는 열심히 노트필기를 하는 것이 결국 수업시간을 단지 복사시간으로 전락시키고 나아가 수업 따로, 학생의 학습 따로 현상을 촉발시키기 때문이다. 이는 매우 비효율적이고 학생들이 교실에 앉아 있어야 할 정당성을 주지 못하는 현상이다.

학생이 교실에 앉아 있는 것은 그의 삶의 과정에서 자신을 둘러싼 문제들을 파악하고 지금 배우는 지식들이 어떻게 그에 관련되어 있는지를 이해하며 자기만의 지식을 만들어 가기 위함이다. 즉, 수업이란 곳은 학생이 자신만의 지식을 자기 것으로 만들어 가는

〈WPBL에서 지양하는 수업〉

엄연한 삶의 현장이라는 의미이다. 그런데도 노트필기에만 몰두한다면 그 자리는 삶의 현장이 아니라 나중에 지식을 학습하는 것을 준비하는 자리로 전락하고 만다.

결국 중요한 것은 수업하는 교실 그 자리에서 바로 자기 지식으로 만들어 가려는 노력이 학습활동이어야 한다는 것이다. 그래야 학습의 생동감이 살아난다. 교수자가 제시하는 교과내용을 그 자리에서 이해하려는 노력이 중요한 것이지 일단 교수자의 모든 말 하나하나를 적어 놓는 게 중요하지 않다는 의미이다.

현장에서 이해하라

그래서 WPBL에서는 '현장에서 이해하라'는 것을 강조한다. 그 이유 중의 하나는 학생들이 직업현장의 수많은 대화와 상호작용하면서 제시되는 메시지를 즉각 파악해야 하기 때문이다. 예를 들어, "잠깐만요, 일단 저는 상사의 지시를 노트필기 한 후 집에 가서 공부한 후에 이 업무를 할게요."라고 할 수 있을까? 수업에서 노트필기에만 몰두하는 것은 바로 이런 것과 같은 맥락이다.

결국 WPBL에서는 학습자 역할이 현장에서 이해하는 것이라는 점을 강조한다. 그것은 교수자 그리고 다른 학습자들과의 상호작용 과정에서 사고가 살아 있는 능동적 학습활동이 필요하다는 것이다. 그렇지 못하고 받아 적기만 하는 모습이 과연 학생의 모습인가 돌아보게 해야 한다. 교수자는 수시로 수업시간에 이를 언급하며 그것보다는 그 자리에서 바로 이해하며 사고하고 다만 그 흔적을 남기라고 안내하는 것이 필요하다. 이때 흔적이 바로 1차 노트인 것이다.

수업에서 노트필기하기의 의미를 이렇게 전환시키면 학습자에게 수업이란 치열한 현장, 즉 지식과 부딪치며 또 다른 자신만의 지식을 만들어 가는 지식 전쟁터가 될 것이다. 여기서 승리란 교수자의 지식을 내 것으로 만드는 것이다. 그런데 단순 노트필기는 이기는 전쟁을 위해 현장에서의 학습을 하는 것이 아니라 학습자가 단지 복사기 역할을 하는 것이기에 지양해야 한다는 것이다.

예습은 선택적으로 한다

그러한 까닭에 WPBL에서는 수업 전 예습을 강조하지 않는다. 선택적으로 학습자가 결정하라는 입장이다. 예습은 오히려 수업현장에서의 학습자의 사고를 막아 버릴 수 있기 때문이다. 혼자서 교재를 읽어 내용을 파악하고 있다고 할 때 실제 수업현장에서 내용을 보다 잘 이해할 수 있을 것이라는 주장도 받아들인다. 그러나 예습은 어디까지나 수업에서 학습자의 사고를 도와주는 정도까지여야 한다는 입장이다. 아니, 더 나아가서 예습 없이도 수업현장의 전장에서 승리하는 연습을 해야 한다는 것을 강조한다. 그것이 많은 업무현장의 모습이고 삶의 현장의 모습이기 때문이다. WPBL에서 키우려는 인재는 현장에서 이해하고 바로 그것을 행동으로 나타낼 수 있는 인재이다. 1차 노트는 그러한 과정의 흔적들을 남기는 곳이며 수업에서 학생들이 남기는 자기 사고의 촉매자로서 역할을 하는 것이다.

부연하면, 1차 노트가 중요한 것은 결국 1차 노트의 내용이 학습자가 만드는 자기 지식의 씨앗들이 되기 때문이다. 1차 노트를 작성하는 과정에서 우선 학습자는 자기 사고를 경험하게 되며 내용에 대한 이해를 추구한다. 이것은 단순히 받아 적는 노트와는 다른 것이다. 그렇기에 1차 노트에는 모든 것을 적는 것이 아니라 자신의 이해 정도를 적는 것이며, 이 과정은 교수자나 다른 학습자들과 사고하면서 대화를 이끌게 한다. 나아가서 자기 자신과의 대화를 진행하게 한다. 1차 노트에 적힌 내용들을 보면 언제든지 자신이 왜 그것을 적었는지 떠올릴 수 있게 되는데, 그것은 학습자에게 지식의 맥락을 생생하게 다시 살려 주는 역할을 한다.

2. 1차 노트 활용 수업

1차 노트는 자유롭게 작성한다

1차 노트를 작성할 때 몇 가지 가이드를 주면 학생들이 비교적 쉽게 적응한다. 1차 노트의 개념을 처음 대할 때 학생들은 의외로 기존에 자신이 작성했던 노트필기 방식이 문제가 있다는 점을 반성하는 경우가 많다. 그것은 곧 그 시점까지 학생들의 학습의 과정을 제대로 모니터링하며 안내해 주는 도움을 받지 못했다는 것을 의미한다.

원래 1차 노트는 학생의 자유로움, 즉 마음대로 적고 싶은 것을 적으면 된다는 입장을 취한다. 형식과 내용 그리고 표시방법 모두 학생들의 자유로움에 맡겨진다. 심지어 1차 노트를 안 작성해도 된다. 그것은 전적으로 학생 자신의 결정사항이며 보다 구체적으로 자신의 초인지 작동의 결과이다. 즉, 내가 1차 노트를 잘 작성하고 있는지에 대한 성찰을 통해 스스로 결정하는 것이 중요하다.

그럼 1차 노트를 잘 작성하기 위해 무슨 가이드가 필요할까? 그리고 어떻게 그 가이드를 학생들이 적용할까? 지금까지 학생들 각자 해 오던 노트필기들을 1차 노트라는 개념으로 전환시켜 개선하기 위한 안내가 필요하다고 할 수 있다.

첫째, 만약 학생들이 아무런 작성도 하지 않고 있다면 나무랄 필요가 없다. 단지, "충분히 이해한 거지? 너의 지식이 완벽하게 되었니? 2차 노트 작성이나 차후에 활용할 때 문제없기 바란다." 이렇게 조언하면 충분하다. 이것은 우선 일차적으로 해당 학생의 초인지 결정을 믿어 보는 것이다. 학생 스스로 차후에 어떤 결과가 오는지 깨달을 때를 기다리며 오히려 현장에서의 이해에 충실하도록 유도하는 것이다. 수업현장에서의 이해가 미래 업무현장에서의 이해와 같은 성격이기 때문이다.

둘째, 모르면 적으라고 안내한다. 학생들이 모든 내용을 현장에서 이해하기 어려울 수 있다. 1차 노트는 바로 이 점을 이용한다. 이해가 잘 안 되는 부분을 자기 방식대로 적어서 기록을 남기라는 것이다. 기존의 노트필기는 교수자가 전달하는 모든 것을 토씨 하나 빠트리지 않고 적는 방식이다. 왜? 그 교수자에 맞추어 높은 성적을 따기 위해서라고 서울대학교 학생들의 사례를 언급하는 서적도 있다.

머리 좋은 것으로 인정되는 학생들의 학습방식이므로 고려해 볼 여지는 있지만 WPBL에서는 그것을 지양한다. 소위 머리 좋은 학생들의 노트필기 방법으로 소개되었지만 반드시 그 방법만 있는 것은 아닐 것이다. 일부 공부 잘한다는 학생들이 토씨 하나까지 받아 적는 방식으로 노트필기를 한다고 할 때 그들이 현장에서 해당 내용을 충분히 이해하고 있다면 문제가 되지 않는다. 그러나 이 경우에도 교수자가 내용을 전달만 하려고 한다는 한계는 있다. 나아가 혹시 제대로 이해도 못하면서 무조건 받아 적는 것이 문제라고 할 수 있다.

셋째, 떠오르는 궁금증을 적으라고 한다. 1차 노트에는 알 것도 같고 모를 것도 같은 지적 갈등이 표현되면 좋다. 이해가 안 되고 모르는 내용을 적다 보면 기존의 자기 지식의 한계가 느껴지며 무엇을 알고 싶다는 인간으로서의 기본적인 학습욕구가 발동될 수 있다. WPBL이 관심을 두고 있는 부분이 바로 이러한 지적 호기심의 발동이다. 1차 노트에 학생들이 신선한 지적 궁금증이 가득할 때 문제인식이 작동하고 있는 것이다.

자신의 생존현장과 관련하여 지금 교수자가 말하는 지식이 어떻게 연계되어 있는지에 대한 생각이 떠오르도록 교수자는 기회를 주면 충분하다. 그다음은 학생들의 몫이다. 처음에 아무리 초보이고 어설픈 학생도 자신만의 백지상태 가능성이라는 프라임 아이디어를 가지고 있을 것이다. 그 프라임 아이디어가 건드려지고 있다면 학생은 발전하고 있으며, 교수자는 학생의 프라임 아이디어로 발전할 수 있도록 유도하는 과정에서 학생들의 궁금증이 1차 노트에 적혀 나가도록 안내하면 좋다.

넷째, 핵심을 적으라고 안내한다. 학생들이 핵심을 적는다는 것은 이해를 하고 있다는 의미가 된다. 끊임없는 사고활동이 전개되는 가운데서 자신이 스스로 파악한 핵심 내용이 키워드 형식으로 또는 다른 방식으로 자신의 1차 노트에 정리되는 것을 경험하기 시작하면 학생들은 내적 만족감이 증가한다. '어, 내가 뭔가를 알기 시작하네.'라는 스스로에 대한 기쁨이 나타나기 시작한다. 문제는 여기까지 교수자가 끊임없이 유도해 내야 한다는 점이다. 한 번으로 성공할 수 없고 끊임없이 반복하여 학생들에게 핵심에 다가갈 수 있도록 수업활동을 전개해야 한다.

WPBL에서 1차 노트는 결국 지식탐구의 최전선이며, 학생들은 기존에 자신이 알고 있던 지식과 새로운 지식이 만나는 과정에서 충격이나 자극을 받으며 자신의 생존에 필요한 포인트, 즉 핵심들을 적어 가게 된다. 교수님의 포인트를 파악하는 기쁨은 누구나 누릴 수 있는 것이며 권리이다. 그러나 문제는 우리 대학현장에서 그것에 성공하는 학생들이 얼마나 존재해 왔는가라는 점이다.

모르는 것을 계속 복습해서 자기 것으로 만드는 학습(學習)의 습(習)을 강조하는 것이 나쁜 것이 아니며 오히려 권장되는 것이지만 1차 노트에서는 학(學)을 보다 중시하며 그 자리에서 자기 것으로 만드는 것을 강조한다. 즉, 그 자리 현장에서 핵심 포인트를 파악하는 것이 앞으로 키워야 할 역량이라는 것이다.

다섯째, 맥락이 살아 있도록 적으라고 안내한다. 교수자가 전달하는 지식의 덩어리를 명시지로 그대로 복사하는 것이 아니라 그 지식이 언급되는 그 상황이 중요하다는 것을 강조한다. '교수님이 이 부분에서 이런 의미를 암시하며 그 지식을 말했지.'라는 생각이 떠오르도록 하는 것이다.

WPBL에서는 1차 노트를 작성하는 이유로 2차 노트에 도움이 되어야 한다고 강조한다. 2차 노트란 수업시간에 적는 노트가 아니라 수업 이후 일정 시점 뒤에 학생 스스로 만들어 가는 노트이다. 그런데 1차 노트에 적힌 내용이 부실하면 자신만의 2차 노트 작성이 어렵다. 그 부실함의 대표적인 것이 지식의 죽은 시체들을 적어 놓은 1차 노트이다. 아무런 의미도 모르고 적었기에 차후에 공부를 하려 해도 처음부터 기억을 되살리기도 어렵고 고생해야 한다. 그래서 1차 노트 작성 시에 해당 지식의 맥락이 살아 있도록 하라고 안내한다. 2차 노트를 작성할 때 해당 지식이 왜 언급되었는지를 알 수 있게 하는 게 맥락이 살아 있는 노트이다.

교수자는 수업시간에 수시로 학생들의 1차 노트가 맥락이 있도록 작성되었는지 돌아보라고 강조한다. 이는 아무리 강조해도 지나치지 않다. "1차 노트 작성을 한 것의 맥락이 떠오르니?"라고 단지 묻기만 해도 된다. 학생들에게 자신의 1차 노트에 대해 성찰할 기회를 주는 것이면 충분하다. 학생들의 노트필기 습관이 하루아침에 원하는 수준까지 변하지는 않는다. 즉, 변화를 위한 정착의 과정이 필요하므로 교수자가 반복적으로 같은 메시지를 주어야 한다. 1차 노트 작성이라는 좋은 습관의 안착을 위해서 2~3일에 한 번씩은 카톡을 통해서라도 수시로 강조하는 것이 학기 초에는 특히 필요하다. 학기 초에 1차 노트 작성에 익숙해지는 것이 빠를수록 그 이후 학습에서 보다 안정되게 정착될 수 있기 때문이다.

여섯째, 또 하나의 방법은 1차 노트를 현장에서 바로 작성하여 바로 제출하도록 하는 것이다. 수업이 종료되는 시점에서 자신의 1차 노트를 사진 찍어 곧바로 LMS에 올리도록 한다. 이는 과제 형식으로 부과되기에 학생들의 입장에서는 작성을 안 할 수가 없도록 하기 위함이다. 물론 아무런 내용이 적히지 않은 학생도 올려야 한다. 올리는 순간이라도 자신이 무엇을 학습했는지 혹은 앞으로 열심히 해야겠다는 생각이라도 가지게 하는 취지이다.

나아가 이러한 방법은 수업시간 내에 학생들이 집중하도록 유도하는 효과를 가질 수 있다. 내가 수업에 집중하는 노력을 하지 않으면 좋은 1차 노트가 작성되지 않는다는 것을 인식만 시켜도 성공이라 할 수 있다. 그것이 WPBL 현장학습의 시작이기 때문이다. 형식과 내용에 아무런 제한이 없지만 나의 2차 노트에 도움이 되는 맥락 있는 1차 노트 작성을 해야 한다는 생각 자체가 있는 학생과 없는 학생은 장기적으로 미래의 성과에서 차이가 있을 것이다.

일곱째, 1차 노트 작성 시 내용과 내용 간에 공간을 충분히 두라고 안내한다. 아무리 자신만이 이해하면 충분하다고 해도 1차 노트에 적힌 내용과 내용 간에 거리는 곧 자신이 이해한 지식 간의 거리일 수도 있고 머리 속 스키마에 입력되는 단초를 제공할 수 있기 때문이다. '어, 내가 이 내용을 왜 여기에 적었지?'라는 단순한 질문이 지식구성의 시작이 된다. 1차 노트에서 공간 배치를 중시하는 것은 학생들이 지식구성의 초입단계에서 파악된 핵심 포인트들 간 관계 형성의 시작이라고 보기 때문이다. 그 과정에서 맥락이 살아 있도록 하는 역량이 1차 노트에서 기대하는 역량이기도 하다.

여덟 번째, 1차 노트의 표현방식은 학생의 자유로움 그 자체라고 강조한다. 교수자가 어떠한 특정 형식을 제시하지도 않는다. 학생들은 자신이 하고픈 방법대로 적어 나간다. 교수자는 가끔 학생들이 작성한 1차 노트들을 전체에 공유한다. 서로가 어떻게 다르게 지식을 대하고 있는지를 보여 주기 위함이다. 그다음은 학생들의 결정사항이다. 이것은 곧 학습의 주인으로서 오너십을 인정해 주는 것이며 ARCS모델의 개인적 통제감을 느끼게 하는 방법이기도 하다.

어떤 학생은 노트북을 활용하여 핵심만 순서 있게 적어 나간다. 어떤 학생은 손필기로 띄엄띄엄 내용을 적어 나간다. 어떤 학생은 한두 가지 키워드만 크게 적어 놓고 만다. 또 어떤 학생은 컬러를 활용하여 중요도를 표시하기도 한다. 어떤 학생은 자기만의 부호를 활용하여 표시한다. 어떤 학생은 개념지도 형식으로 그려 나간다.

〈WPBL 수업에서 1차 노트 작성 가이드〉

그리고 어떤 학생은 화살표를 사용하여 내용 간의 관계를 표시한다. 이 모든 것은 학생들의 자유 영역이다. 교수자는 단지 그것들이 맥락 파악과 유지에 도움이 되었는지 그리고 2차 노트 작성에 도움이 되었는지만을 묻고 학생들 스스로 개선하도록 유도하면 된다.

• 1차 노트 활용 진단 팁(교수자용)

(교수자의 입장에서 1차 노트 작성과 관련해서 자신의 안내가 적합한지 항시 점검한다.)

- 1차 노트의 중요성을 강조하는가?
- 1차 노트 작성의 자율성을 설명하는가?
- 1차 노트 작성 사례를 공유하는가?
- 1차 노트에서 맥락의 중요성을 강조하는가?
- 현장에서 즉시 학습의 중요성을 강조하는가?
- 2~3일 후에 돌아보는 활동을 강조하는가?
- 2차 노트 작성 시 활용 여부를 확인하는가?

• 1차 노트 활용 진단 팁(학습자용)

(학습자의 입장에서 1차 노트 작성과 관련해서 자신의 작성방법이 적합한지 항시 점검한다.)

- 현장에서 이해하는 데 집중하는가?
- 사실과 의견을 구분하여 적는가?
- 간결하게 적고 있는가?
- 교수자의 설명을 토씨 하나까지 적고 있는가?
- 수업내용을 문장으로 적고 있는가?
- 수업시간에 노트필기를 하지 않고 듣기만 하는가?
- 녹음 등을 통해서 나중에 복습하려 하는가?
- 수업 중에 나만의 생각정리를 하느라 수업진도를 놓치고 있는가?
- 수업 중에 궁금사항을 질문하는 것이 부담스러운가?
- 노트필기하면서 핵심 포인트 표시를 하고 있는가?
- 노트필기하면서 내용과 내용 간의 관계를 표시하고 있는가?
- 나만의 강조부호를 사용하고 있는가?

3. 1차 노트 경험 후기

후기 01

"교수님이 말씀하셨다. '1차 노트는 핵심 포인트를 잡아내는 능력을 키울 수 있는 기회이다.' '1차 노트를 보면 그 학생이 포인트를 잘 잡아내고 있는지 알아낼 수 있다.' 수업 속에서는 많은 양의 주제가 발생한다. 그 주제 안에서 세부적인 내용이 있다. 학생들은 그 속에서 핵심을 잡아내야만 한다. 처음에는 어려울지 몰라도 반복을 하다 보면 그것이 피가 되고 살이 될 것이다. 수업의 맥락을 잘 읽어 낸 다음 핵심 내용을 쏙 잡아내서 글로 옮겨 쓴다. 그리고 나중에 2차 노트를 작성할 때면 수업의 맥락이 떠올려질 수 있도록 하는 것이다. 1차 노트는 수업의 마지막과 함께 끝나는 것이 아니다. 1차 노트는 2차 노트를 작성할 때에도 큰 영향을 미치게 된다. 이러한 작용 현상을 자각한 채로 공부에 임해야 한다."

후기 02

"'현장에서 이해하라'는 말은 교수님께서 해 주셨던 공부하는 방법이었다. 수업을 하는 도중에 진도에 맞춰서 바로바로 이해하고 만약 그렇지 못했을 경우 바로 질문하는 능동적인 태도를 지닐 필요가 있는 교수님의 말씀에 지난 수업에 교수님께서 하셨던 '좋은 질문은 스스로를 발전시킨다.'라는 말이 떠올랐다. 수업을 하면서 자신이 그것을 이해하고 있는지 점검하기 위해서는 수업에 꾸준히 집중하고 있어야 한다는 생각을 했다. 현장에서 이해를 하면 나중에 복습을 할 때에도 이해가 다 된 상태이기 때문에 배운 지식을 상기시키기에도 훨씬 수월한 것 같다."

1차 노트 작성 사례 01

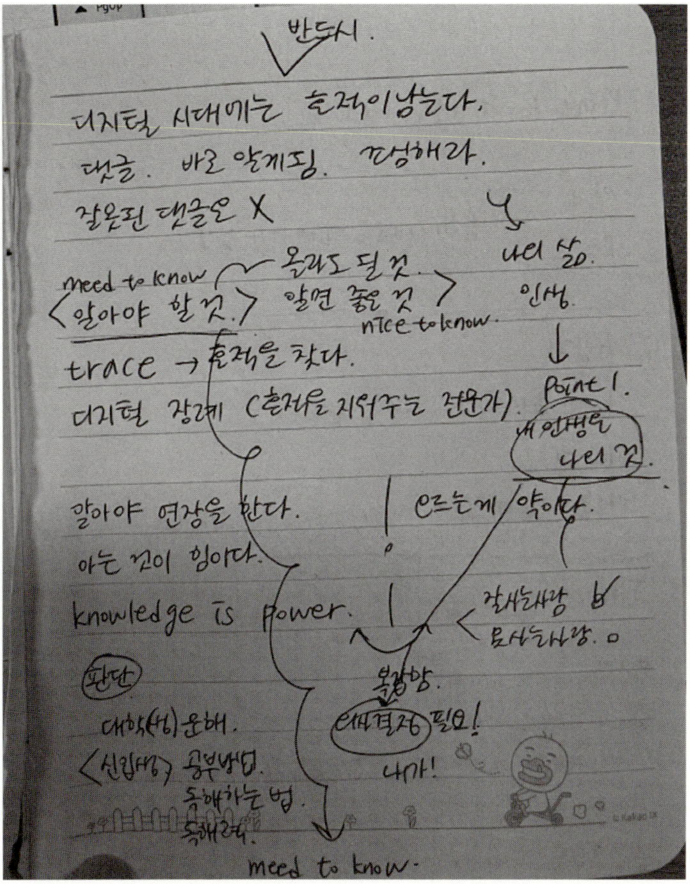

이 사례에서는 학습자가 핵심 사항을 적는데 적절한 공간을 유지하면서 쉽게 눈에 들어오도록 하고 있다. 또한 나름의 방법으로 선들을 그어서 지식과 지식 간의 관계를 표시하여 맥락을 표현하려고 하고 있다.

1차 노트 작성 사례 02

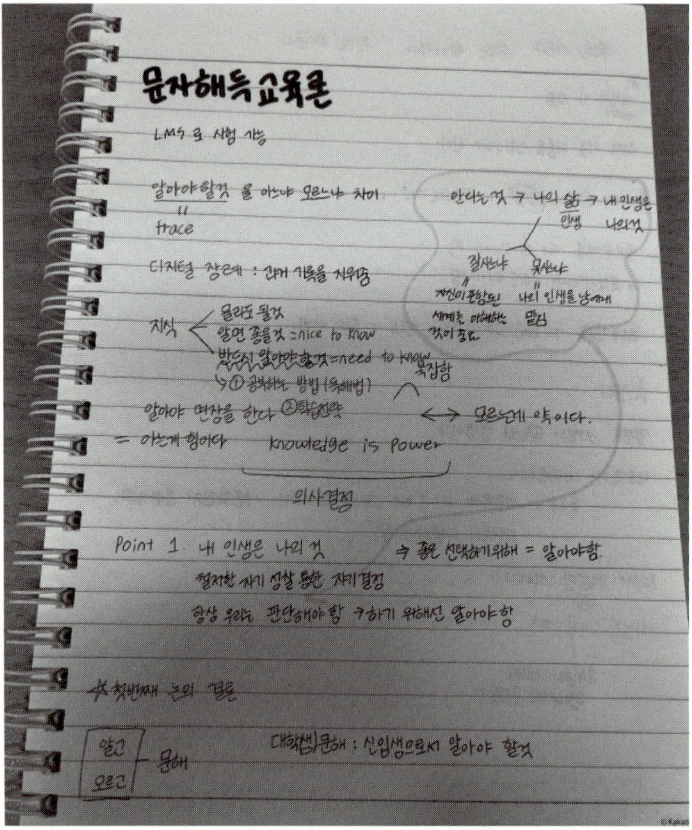

이 사례에서도 학습자가 핵심 사항을 적는데 적절한 공간을 유지하면서 가독성을 높이며 컬러를 활용하여 자신의 이해에 따른 부가 내용을 표현하고 있다. 또한 지식들 간의 관계에 대해 보다 구체적으로 선으로 연계하는 시도를 하여 맥락을 놓치지 않으려 하고 있다.

10장

2차 노트

2차 노트 작성하기는 나만의 작품활동이다

'노트필기는 수업시간에 하고 끝나는 것 아닌가?'라는 의문이 들 수도 있다. 지금까지 수업시간에 받아 적기 바쁜 경험이 있다면 그러한 생각을 할 수 있다. 그러나 WPBL에서는 노트필기에서 1차 노트와 2차 노트를 구분한다.

1차 노트작성이 현장 메모의 성격이 강하다면 2차 노트 작성은 학생들의 생각을 서로 연결하여 보충하거나 심화하고 증폭시키는 활동이다. 학생들의 머릿속에 지식이 아무리 많아도 그것들이 서로 연결되지 않으면 생활이나 업무현장에서 활용되지 못하게 된다. 파편적인 지식의 조각들을 아무리 많이 가지고 있어도 그것들이 하나의 체계로서 조화롭게 관계되어 있지 않다면 그것은 곧 죽은 지식을 의미한다.

지식 연결하기는 교수자가 제시하는 키워드들을 받아들이거나 문제인식을 적극적으로 수행하고자 할 때 일종의 자신의 스키마를 재정비하는 활동이다. 학습자가 새로운 교과내용을 대할 때마다

다양한 독서나 학습, 경험 등으로 이미 사전에 알고 있는 지식들을 떠올리도록 한다면 학습자는 교과내용 관련 연결고리를 찾을 수 있게 된다.

이때 흔히 아는 지식이라고 할 때 자신이 어느 정도나 제대로 알고 있는지 점검하는 것이 함께 이루어지게 된다. 왜냐하면 막연히 정적인 상태에 머물러 있던 지식을 활용하거나 연계시키고자 할 때 내가 얼마나 제대로 알고 있는가 하는 궁금증도 생기기 때문이다.

또한 이 과정을 통해서 학습자 본인이 아는 지식이 활성화되면서 동시에 더 알 필요가 있는 지식에 대한 탐색도 일어나게 된다. 이는 곧 자연스럽게 공부해야 할 학습이슈가 떠오르는 것을 의미한다. 따라서 교수자는 학생들이 교과내용 관련 지식들을 떠올릴 수 있도록 지원하고 서로 연결할 수 있는 기회를 제공하는 활동을 지속적으로 수행할 필요가 있다.

1차 노트와 비교하여 2차 노트를 이해할 때, 1차 노트가 현장 이해의 흔적이라면 2차 노트는 서재에서의 작품이라고 할 수 있다. 자신의 서재에서 책을 집필하는 자세로 자신의 모든 지식을 해당 교과내용에 연결해 본 결과라고 할 수 있다.

만약 1차 노트가 부실하다면 2차 노트는 자신의 부족함을 메우며 보충하는 기회가 된다. 주어진 해당 내용 자체에 대한 이해를 높이는 지식 간 연결활동을 할 것이기 때문이다.

만약 1차 노트가 제대로 작성되었다면 2차 노트는 해당 교과내용 자체에 대한 이해는 물론이고 나아가서 플러스 알파를 통해 이해도를 더 높이고 질적으로 향상된 것이 될 수 있다. 즉, 이 경우 2차 노트는 심화하는 기회가 된다.

1. 2차 노트의 중요성

2차 노트 작성하기는 깊은 학습을 가능케 한다

2차 노트는 소위 '깊이 있는 학습자'로 발전시키는 데 도움을 준다. 깊이 있는 학습자란 자신의 기존 지식과 새로운 지식을 의미 있게 결합할 줄 아는 학습자라고 할 수 있다. 아무리 성적이 높은 학생들도 교수자가 전달하는 것을 특정한 틀에 맞추어 암기하고 있다가 시험에 쏟아내고 잊어버리는 경우가 많다. 이는 해당 내용이 깊이 있게 학습자의 것이 되지 않았기 때문이다. 2차 노트 작성하기는 자신만의 작품활동 같은 것이므로 생각을 구체화하고 정교화하는 활동이며 따라서 학생 자신만의 이해도를 높이는 데 도움을 준다.

새로운 지식을 접했을 때 학생들은 거의 무의식적으로 기존의 자기 방식을 고집하게 된다. 머릿속에 있는 인지체제는 이미 단단히 굳어져 익숙한 상태이므로 그것에 근거하여 새로운 지식을 받

아들이게 된다. 따라서 새로운 지식을 이해하려 할 때 교수자가 보기에는 엉뚱한 소위 오개념을 발생시키기도 한다. 이는 어쩔 수 없는 개인차 현상이라고도 할 수 있다.

학습하는 과정에서 기존의 인지체제, 즉 스키마에 근거하여 지식 연결활동이 활성화된다고 가정할 때 2차 노트 작성하기는 결과적으로 기존 인지체제에 변화를 가져오게 한다. 처음 미미한 프라임 아이디어를 개선하고 발전시키는 과정에서 2차 노트 작성하기는 다양한 학습자만의 전략으로 자유롭게 지식들을 연결해 보는 기회가 된다.

그러한 기회를 가져 본 학습자와 그렇지 못한 학습자는 해당 내용에 대한 이해의 깊이에 차이가 날 수밖에 없다. 즉, 그러한 기회는 피상적 학습을 극복하게 한다. 이때 중요한 것은 충분한 시간의 확보를 통해 내용을 점점 더 깊이 있게 이해하도록 하는 나선형 반복의 경험이다. 나선형이란 처음에는 간단하고 낮은 수준에서 시작하지만 반복을 통하여 점차 심화되고 확장되어 가는 내용의 계열을 의미한다.

2차 노트를 작성하는 과정에서 자신이 처음 가진 프라임 아이디어가 흔들려서 뭔가 이상하다고 느낄 때 학습자는 지적 갈등을 경험하게 되는 것이고 자신이 가지고 있는 기존 인지체제에 변화를 주어 해결하려고 하게 된다. 그러나 아쉽게도 모든 학생이 항상 그런 것은 아니다. 기존의 인지체제 틀 내에서만 새로운 지식을 바라보며 변화를 시도하지 않으려는 태도를 보이는 경우도 많다. 오히려 새로운 지식을 기존의 체계 속에 넣어 자리 잡게 하기도 한다. 그것이 오개념이든 아니든 그에게는 중요하지 않다. 그냥 자신이 그렇게 이해한다는 것이다. 이는 학생들이 '편안한 자기'를 추구하기 때문이라고도 할 수 있다.

2차 노트의 발전과정은 교수자의 인내심을 필요로 한다

하지만 교수자가 학생들에게 2차 노트를 강조하고 지속적으로 새로운 버전을 1주마다 제출하게 할 때 학생들은 '편안한 자기'로부터 벗어나야 한다는 생각을 조금씩 하게 된다. 이 현상은 대개의 경우 천천히 발생한다. 즉, 교수자가 아무리 서둘러도 학생들 입장에서는 자신의 인지체제에 변화를 가져오는 것이 쉽지 않은 것이다. 귀찮고 힘든 과정이므로 그리고 익숙하지 않은 경험이므로 변화가 매우 천천히 발생한다.

이때 필요한 것이 교수자의 인내심이다. 기다리고 인내하고 학생들의 기존 스키마를 파악하려고 애쓰는 모습에서 학생들은 마음을 열기 시작한다. 그리고 교수자가 그렇게 강조하는 '저것이 도대체 무엇일까? 왜 그럴까?'라는 생각을 하기 시작한다. '교수님이 내 말을 잘 들어 주시는 것 같은데 그리고 나의 현재 견해를 받아들이시면서도 왜 나에게는 생소한 저런 말씀을 하시는 것일까? 이번에 한 번 정리를 해 봐야겠다.'라고 생각하기 시작하면 그 학생의 이해도는 높아지기 시작하는 것이다.

2차 노트를 작성해 가는 과정에서 특히 학생들의 깊이 있는 학습을 위해 도움을 주는 것이 2차 노트 공유활동이다. 다양한 형태로 정리된 2차 노트들을 접하는 순간, 학생들은 동료들의 개인차를 느끼게 되며 '어떻게 저기서 저렇게 연결하지?'라는 생각을 하게 된다. 이 과정이 곧 지식의 보충이나 심화의 과정이 된다. 자기만의 이해가 모두인 것으로 알고 있었는데 옆자리의 동료가 제시한 2차 노트를 보니 전혀 다른 방식으로 생각하며 연결하고 있었고 자신은 떠올리지 못한 용어들도 사용하여 프라임 아이디어를 형성하고 있다는 것을 보게 되면서 '나의 지식도 발전해야 되겠다.'라는 지적인 자극을 받게 된다.

2. 2차 노트 활용 수업

2차 노트 작성하기는 지식 연결하기의 대표적인 활동이다

학생들의 지식 연결하기(connecting)를 촉진하기 위해서 교수자가 제일 먼저 고려해야 할 것은 학생들의 현 상태의 지식 수준, 즉 이해 수준을 파악하는 것이다. 교수자가 씨앗뿌리기를 할 때부터 근접발달영역을 고려하여 시도해야 하며 이는 학생들이 이미 가지고 있는 머릿속의 스키마를 파악하면서 관련된 키워드들을 제시하는 것을 의미한다. 이때 중요한 것이 학기의 어느 시점 그리고 수업의 어느 단계에서 학생들 자신들이 파악하거나 교수자가 제공한 키워드들을 자신의 기존 스키마에 연결하도록 하는가이다.

지식 연결하기에서 학생들은 새로운 지식을 접하게 되면 그냥 무의미 철자처럼 암기하려 하기도 한다. 그러나 이것은 WPBL에서 기대하는 지식 연결하기 활동이 아니다. WPBL에서는 학생들이 자신의 학습전략을 성찰하게 하고 개선을 유도하면서 키워드들이 보다 쉽게 연결될 수 있도록 스케폴딩한다.

예를 들어, 학생에게 '날아가는 배'라는 개념을 제시했을 때 먼저 학생들의 머릿속에 '배'라는 것이 '바다의 물위를 떠다니는 것'이라는 개념이 존재하는지 확인하며, 만약 모른다면 배의 내포와 외연에 대한 학습활동을 우선적으로 실시한다.

지식 연결하기를 위해 필자가 가끔 사용하는 방법은 수업 중이라도 잠시 학생들에게 '연결하기(connecting)' 타임을 주는 것이다. 이를 필자는 지식 연결을 위한 프로세싱 타임의 도입이라고 칭하고 싶은데, 시간이 부족하여 수업시간마다 줄 수는 없지만 필자의 경우 한 학기에 2번 정도 1번에 20~30분쯤 학생들의 교실 내 활동 모두를 중지시킨다. 그리고 지금까지 수업에서 다루었던 지식들을 머릿속에서 떠올려 보자는 멘트를 한 후 모두 자리에서 일어나서 밖으로 나가게 한다.

이때 조건을 제시하는데 한 사람씩 교실 밖으로 나갈 것, 개인 간의 거리는 10m로 유지할 것, 마음대로 캠퍼스를 다니며 조용히 지식 연결을 시도해 볼 것, 도중에 동료와 대화를 하거나 다른 책을 읽거나 하지 말 것 등이다. 이러한 활동을 하게 되면 학생들은 처음에는 다소 당황하기도 한다. 지금까지 한 번도 수업 중에 수업을 중단하고 자신만의 생각시간을 가지며 지식 연결활동을 해 본 적이 없기에 어색해하는 것이다. 그러나 한두 번 경험하고 나면 학생들은 무작정 지식을 머릿속에 저장만 하려 했던 지난 학습방법을 돌아보며 지식과 지식 간의 관계를 따지려는 시도와 함께 개선의 필요성을 말하게 된다.

이러한 수업 중의 지식 연결활동을 보다 구체적이고 여유 있게 할 수 있도록 하는 방안이 2차 노트 작성하기이다. 수업시간 교실현장에서 '배'와 '위그선'의 관계를 따지게 되면 다소 시간에 쫓기거나 불완전한 연결이 될 수 있다. 그러나 집에서 혼자하는 2차 노트 작성활동은 수업 이후 편안한 가용시간을 활용하여 집중적으로 자신의 지식을 연결할 수 있는 활동이므로 학생들 자신만의 방식으로 시도할 수 있다. 실제, 학생들이 작성한 2차 노트를 살펴보면 같은 내용임에도 불구하고 표현된 2차 노트의 내용은 매우 다양하게 나타난다. 이것은 곧 개인마다의 지식 구성활동이 다르다는 것을 의미한다.

2차 노트는 자신만의 형식으로 작성한다

교수자는 학생들에게 2차 노트의 중요성을 강조하면서 몇 가지 작성법을 안내할 필요가 있다.

첫째, 2차 노트는 수업 후 다음 주까지 작성하도록 하는 것이다. 필자의 경우에는 수업 후 다음 주 수업 하루 전 24시까지 LMS에 제출하게 한다. 수업 중에 작성한 1차 노트가 생생하게 남아 있을수록 자신의 지식 구성활동에 도움이 되며 2차 노트는 결국 그 결과물이기 때문이다. 1주 내에 2차 노트를 작성하도록 하면 학생들에게도 타이밍을 놓치지 않고 지식 형성을 하는 자기관리 연습의 기회가 될 수도 있다.

둘째, 2차 노트 작성 시 시행착오를 겪게 한다. 필자의 경험에 따르면 처음부터 2차 노트 작성법을 안내하지 말고 일단 학생들이 자신만의 방식으로 작성하면서 부딪치며 시행착오를 겪도록 하는 것이 학생들에게 도움이 된다. 처음부터 2차 노트 작성법을 자세히 안내하면 그것을 따라하는 심리가 작동하여 오히려 창의적 접근을 저해할 수 있기 때문이다.

따라서 학기 중 2차 노트를 소개할 최초 시점에서는 중요성을 강조하고 기존의 중고등학교 때의 수업 중 노트필기 방법의 문제가 무엇이었는지 떠올리게 하는 정도로 족하다. 다만, 강조할 것은 반드시 1차 노트를 참조하여 작성하라는 안내를 하는 것이다.

셋째, 2차 노트 작성에서 꼭 필요한 활동의 하나가 공개 피드백이다. 특히 학기 초에 처음 2차 노트 작성이 완료된 시점에서 교수자는 잘 작성된 2차 노트를 선택적으로 공유하는 것이 필요하다. 학생들은 동료들의 2차 노트 공개 피드백을 거치면서 지식 구성의 다양한 방법을 알게 되고 자신의 강점과 부족한 점도 파악하게 된다. 이는 수동적으로 지식을 받아들이기만 하던 습관으로부터 벗어나는 계기가 되기도 하므로 학기 중 1~2번 정도 공개 피드백을 실시하는 것이 좋다.

결론적으로, 2차 노트를 어떻게 작성하는가에 대해 정형화된 것은 불필요하다. 오히려 학생들이 자유롭게 자신만의 방식으로 지식을 형성하고 그것을 표현하도록 하는 것이 중요하다. 2차 노트의 사례들을 살펴보면 질문에 답하는 형, 주제문 중심으로 내용을 정리하는 형, 서론-본론-결론 형식의 논리적 형, 내용정리-성찰형 등의 다양한 형태로 드러난다. 이는 학생들의 지식 구성이 다양함을 반증하는 것이다. 이 장 뒤쪽의 2차 노트 작성 사례들을 참조하기 바란다.

- 2차 노트 활용 진단 팁(교수자용)

(교수자의 입장에서 2차 노트 작성과 관련하여 자신의 안내가 적합한지 항시 점검한다.)

- 새로이 학습한 내용을 구체화하는가?
- 지식 연결 시 어려웠던 내용을 학습이슈로 선정하는가?
- 체크한 팩트를 구분하고 적고 있는가?
- 학습계획을 포함하는가?
- 자기 지식의 강점을 적고 있는가?
- 자기 지식의 약점을 적고 있는가?
- 자신만의 플러스 알파를 시도하고 있는가?
- 키워드들을 정리하고 있는가?
- 프라임 아이디어 발전 여부가 드러나 있는가?
- 새로운 조사를 시도하고 있는가?
- 질문에 대한 자기 답변 노력을 하고 있는가?

- 2차 노트 활용 진단 팁(학습자용)

(학습자의 입장에서 2차 노트 작성과 관련하여 자신의 작성방법이 적합한지 항시 점검한다.)

- 2차 노트의 중요성을 강조하는가?
- 2차 노트 작성 시 내용 간의 연계를 강조하는가?
- 2차 노트 작성 사례를 공유하는가?
- 2차 노트 피드백 시 학습이슈 도출 여부를 확인하는가?

- 2차 노트 작성이 1차 노트 활용을 강조하는가?
- 2차 노트에서 탐색활동을 확인하는가?
- 현장연습(practicing) 내용을 확인하는가?
- 2차 노트에서 플러스 알파를 확인하는가?

3. 2차 노트 경험 후기

후기 01

"질의응답 형식, 추가로 정보 찾기, 시각 자료 활용하기 등의 방법을 2차 노트에 적용해 보았다. 질의응답 형식을 이용하니 스스로를 돌아보기가 더 수월해진 것 같고, 더 알아보고 싶은 부분을 추가로 찾아보니 직접 찾은 정보인 만큼 더 뿌듯하고 기억에 잘 남는 느낌이 드는 것 같다. 수업시간을 기점으로 공부가 끝난 것이 아니라 발판 삼아 나아가는 느낌이 들었다. 앞으로도 궁금한 부분이나 더 알아보고 싶은 부분을 2차 노트에 추가해 가면서 공부해야겠다는 다짐을 했다. 또 시각 자료가 필요한 부분에 표를 적절히 활용하였더니 가독성을 높이는 데 도움이 된 것 같다. 다음 2차 노트를 쓰는 것이 기대될 만큼 이번 2차 노트를 쓰는 과정이 재미있었고, 배운 점이 많은 것 같다."

후기 02

"지난 2차 노트에서 내가 가장 신경 썼던 부분은 중요한 내용을 정리한 후, 겉으로는 전혀 상관없어 보이는 키워드들끼리의 연결고리를 찾아 지식과 지식을 연결하는 것이었다.

평소에 즐겨 보던 TV 프로그램에서 '디지털 장의사'라는 직업을 접했던 적이 있는데, 최근 들어 사이버 범죄의 종류도 다양해지고 그 규모가 커진 만큼 디지털 장례 서비스를 이용하는 사람이 꽤 많다고 한다.

위 내용은 지난 수업 내가 작성했던 2차 노트의 일부분인데, 이 부분에서 디지털 장의사라는 직업의 설명을 작성하고, 또 다양한 사이버 범죄의 종류 중 가장 대표적인 것은 무엇인지 그 사례까지 searching 하여 연결했다면 더 폭넓고 오래 남는 지식을 쌓을 수 있었을 것이다.

또한 2차 노트는 문자해득교육론 수업 외에 다른 수업에서도 필요로 할 만큼 내 지식을 최종적으로 정리하는 '보편적'인 단계임을 깨달았다. 문자해득교육론 수업에서 2차 노트를 작성하는 방법에 대해 배운 것을 다른 교과수업에서 능숙하게 적용할 수 있게 되었다."

후기 03

"교수님께서 지난 시간 2차 노트를 피드백해 주셨다. 처음 해 보는 활동인지라 많이 막막했고 하는 동안 내가 하고 있는 것이 맞는지에 대해 많은 의문이 들었다. 그러나 교수님께서 이번 시간에 동기들의 2차 노트를 임의로 선정하여 피드백을 주셨는데 그 부분에서 '아, 이렇게 할 수 있었구나, 아, 내가 이런 부분이 2차 노트에서 많이 부족했구나, 나도 이런 방식을 사용하면 좋을 것 같다.' 등등 내가 부족했던 부분에 대해 떠올릴 수 있는 계기가 되었다.

대학은 지식을 받아 가는 곳이 아니라 만들어 가는 곳이기 때문에 수업 이후 2차 노트 때에는 1차 노트에서 포인트로 잡고 정리했던 내용을 바탕으로 스스로 수업의 맥락을 떠올리고 정리하는 것이 중요하다는 것을 몸소 느낄 수 있었다. 동기들 모두 각각의 학습전략이 있었다. 그러나 공통점은 교수님의 수업은 모두 연결되어 있기 때문에 1차 노트를 '맥락'을 살려서 포인트를 잡아 정리했다는 것이 눈에 보였다."

2차 노트 작성 사례 01

1. 교육과 학습

1) 교수님과 나의 프라임 아이디어 비교하기: 12주차에 교육과 학습에 대한 키워드를 작성하고, 그것을 바탕으로 프라임 아이디어를 설정해 보았다.

나의 교육과 학습의 프라임 아이디어

교육 교수자와 학습자가 교수활동과 학습활동 과정에서 생기는 모든 가르침과 배움

학습 연습이나 경험을 수행하여 학습자가 배우고 익히는 과정

교수님의 프라임 아이디어

교육 행동 변화를 위해 타인에 대해 가치 있는 영향력을 행사하는 과정

학습 행동 변화를 위해 자신에 대한 가치 있는 영향력을 행사하는 과정

나와 교수님의 프라임 아이디어에서 가장 큰 차이점은 나의 프라임 아이디어 초점은 가르치고 배우는 것에 맞추었다면, 교수님은 더 나아가 영향력과 행동 변화까지 생각하셨다는 것이다.

공통점 교육은 교수활동과 학습활동 두 가지가 포함되어 있고, 학습은 학습활동만 포함하고 있다는 점이다. 나는 학습이란 학습자 자신이 학습을 진행하여 연습하고 경험을 통해 배우고 익히는 과정이라 생각했기 때문에 학습활동만 일어날 것이라 판단하였다.

2) 수정한 교육과 학습의 프라임 아이디어

교육 행동 변화를 위해 교수활동과 학습활동이 타인에 대해 가치 있는 영향력을 행사하는 과정

학습 행동 변화를 위해 학습활동이 자신에 대해 가치 있는 영향력을 행사하는 과정

수정된 교육과 학습의 프라임 아이디어는 교수님의 것에서 크게 달라지지 않았다. ① 행동 변화, ② 타인, ③ 자신, ④ 영향력, ⑤ 가치, 이 다섯 가지 키워드가 교육과 학습을 구분 짓고 각자의 개념을 확실하게 드러낼 수 있는 것이라 생각했기에 교수활동과 학습활동만 추가해서 프라임 아이디어를 설정해 보았다.

이 사례에서는 학습자가 자신의 프라임 아이디어와 교수자의 프라임 아이디어를 비교하면서 발전시켜 나가는 과정을 기술하고 있다. 자신이 왜 그러한 프라임 아이디어로 변경하는지 차이점과 공통점을 언급하면서 자신의 개선된 프라임 아이디어를 업그레이드하였다.

2차 노트 작성 사례 02

학습동기는 참여동기, 지속동기, 계속동기로 구분된다. 참여동기란 학습자가 수업에 참여하고 싶은 동기를 말한다. 그리고 지속동기란 수업을 지속하고 싶은 동기를 말한다. 마지막으로, 계속동기란 학습이 끝난 후에 계속하고 싶은 동기를 말한다. 발생과정을 볼 때, 수업 전에는 참여동기가 유발되고, 수업 중에는 지속동기가 유발되며, 수업 후에는 계속동기가 유발되는 과정이 가장 이상적인 과정이라고 볼 수 있다. 이들의 관계는 다음과 같다. 참여동기를 높이기 위해서는 계속동기가 높아야 한다. 수업이 끝나고 다른 수업을 시작하기까지 수업을 이어 가고 싶다는 계속동기가 있어야지 그 동기가 참여동기로 변하여 수업에 참여할 수 있게 되는 것이다.

여기서 참여동기, 지속동기, 계속동기는 절대적인 것이 아니라 상대적인 것을 말한다. 왜 학습동기는 상대적일까? 왜냐하면 학습자마다 참여동기, 지속동기, 계속동기가 유발된 시점과 상태는 다를 수 있기 때문이라고 생각한다. 즉, 학습동기가 유발되는 과정에서 학습자마다 개인차가 발생하기 때문이다. 무조건 이 정도까지 유발되어야지만 학습동기가 유발되었다고 보는 절대적인 관점은 학습자의 개인차를 존중하는 것이 아니라고 생각한다.

〈이번 주 수업에서 나의 참여동기, 지속동기, 계속동기 점검〉

학습동기	나의 상태
참여동기	• **나의 참여동기 상태**: 유발됨 • **ARCS 요소**: 자신감 – 성공기회 요소 • **성찰**: 나는 동기이론과 수업설계 수업을 시작하기 전에 이번 주에서 배울 학습내용 하나하나가 좋은 경험이 될 것이라는 믿음을 가질 수 있었다. 그리고 직접 경험하고 성공해 볼 수 있는 기회가 있을 것 같다는 생각이 들었다.

지속동기	• **나의 지속동기 상태**: 유발됨 • **ARCS 요소**: 만족감 – 내재적 강화 요소 • **성찰**: 나는 동기이론과 수업설계 수업 중에 수업내용을 배울수록 즐거움을 느낄 수 있었다. 이로써 학습을 계속 지속하고 싶다는 생각이 들었다. 특히 비시작자를 배우는 과정에서 이들의 비중을 줄이기 위한 해결책을 고민해 보는 시간도 가질 수 있었다.
계속동기	• **나의 계속동기 상태**: 유발됨 • **ARCS 요소**: 주의집중 – 탐구적 각성 요소 • **성찰**: 나는 이번 주 동기이론과 수업설계 수업이 끝난 후에 교육과 학습의 차이가 무엇인지 관련된 자료를 찾아보고 싶다는 욕구가 생겼다. 이로써 학습한 내용에 대하여 무엇인가를 더욱 알고 싶은 지적 호기심이 활성화되었다고 생각한다.

이 사례에서는 학습자가 참여동기, 지속동기, 계속동기의 관계를 설명하고 자신의 질문을 제시하면서 상대적이라는 점에 대해 자신만의 플러스 알파를 시도하고 있다. 또한 자신이 정립한 개념을 바탕으로 직접 자신의 동기 유형 점검에 활용하는 방식으로 2차 노트를 작성하였다.

11장

3차 노트

3차 노트는 나를 돌아보는 거울이다

노트필기를 1차 노트, 2차 노트까지 했는데 3차 노트가 또 있나 하는 생각을 할 수 있다. 실제로 학생들은 수업시간에 노트필기하는 것으로 끝내거나 나아가 집에 와서 심화노트를 다시 정리하는 것으로 학습을 마무리하는 경우가 많다. 3차 노트는 학생이 자기를 객관적으로 바라보는 기회이며 초인지를 작동시키는 자기발전의 과정이다.

초인지란 크게 세 가지로 이해할 수 있다.

첫째, 자신이 무엇을 알고 있나에 대한 자신만의 인식이다. 이는 내가 제대로 나의 현황에 대해서 알고 있는지를 포함한다. 자신에 대한 이해도가 정확할수록 스스로의 개선활동 성공 가능성이 높아진다.

둘째, 자신의 학습활동에 대한 모니터링이다. 내가 지금 어떤 학습방법을 사용하고 있지? 잘 하고 있나? 성공하지 못하고 실패하는 이유는 무엇일까? 이러한 질문들을 끊임없이 던지며 자신을 돌아볼수록 개선점들이 보이기 시작하고, 따라서 대안을 찾으려 노력하게 된다. 예를 들어, 단순히 수없이 반복하여 단어를 암기하던 학생이 자신의 암기방법에 대해 돌아보기 시작하면 좀 더 효율적인 방법이 없을까 생각하게 되는데, 이러한 모니터링은 능동적 학습의 필수 요건이다.

셋째, 모니터링까지 했더라도 결정적인 개선 노력을 하지 않으면 아무런 의미가 없다. 학습자는 실제로 자신의 행동 변화에 대한 의사결정을 하고 추진해야 한다. 즉, 자신에 대한 통제적 관리

(executive control)를 할 수 있는 학생은 그만큼 발전의 가능성이 커진다. 개선에 대한 의사결정과 그것을 실제로 추진하는 과정에서 개인적 통제감이 강하게 느껴지며, 그것은 곧 학생들 본인의 학습에 대한 자신감 향상을 의미하기도 한다.

3차 노트 작성을 꾸준히 하는 학생과 그렇지 않은 학생의 기본적 차이는 자신의 과거 경험을 미래발전에 활용하는가 아닌가의 차이라고 할 수 있다. 3차 노트는 일반적으로 성찰노트라고 알려져 있다. 성찰이라는 말이 시사하듯이 자신의 학습전략과 학습전술에 대한 성찰을 통해서 학생들은 학습습관의 개선을 경험할 수 있다.

1. 3차 노트의 중요성

3차 노트는 자기주도학습의 발판이다

3차 노트가 중요한 이유는 그것이 자기주도학습의 발판이기 때문이다. 최근에 학습과 관련하여 자기주도학습이 많이 강조되고 있다. 자기주도학습을 한다는 것은 학습자 스스로 자신의 학습을 관리할 수 있음을 의미하는데, 그 출발점이 무엇인지 생각해 볼 필요가 있다.

그것은 바로 자신이 무엇을 하고 그것을 잘 하고 있는지 스스로 돌아보는 것이다. 돌아보지 않고 스스로를 관리하는 것은 가능하지 않으며 스스로 되돌아보지 않는다면 결국 누군가의 힘에 의해 끌려가기 쉽다. 수업현장에서 학생들의 자기주도학습이 문제되는 것은 자의 반 타의 반으로 선생님에 의해 학습주도권이 제한받는 현실 때문이다. 이는 어떻게 보면 너무 당연한 현상이다. 기본적으로 페다고지에서는 학생을 미성숙하고 불완전한 존재로 본다. 그러므로 교수자가 이끌어 가며 학생을 변화시키는 것이 너무도 당연하다.

그러나 학생들은 페다고지적 관점을 벗어나서 성장하면서 서서히 안드라고지적 관점의 세계로 들어가게 된다. 즉, 성인이 되어 가면서 누군가가 끌고만 가는 접근을 극복하고 스스로 결정하려고 하기 때문이다. 그런데 스스로 결정하여 성공해 본 경험이 많지 않을 때 학습자들은 진정한 성인학습자가 아니며, 단지 성인학습자 흉내를 내고 있을 수 있다.

진정한 성인이란 자기주도학습을 제대로 할 수 있는지 여부에 따라 달라질 수 있다. 자기주도학습은 스스로 학습목적을 수립하고 학습내용을 선정하며 학습방법을 선택하고 실행하면서 궁극적으로 자신의 변화 성과를 스스로 평가하는 활동이라고 할 수 있는데, WPBL에서 3차 노트는 이러한 자기주도학습을 실현하기 위한 핵심이 된다.

3차 노트는 교수자와 학습자의 일대일 대화 통로이다

초인지활동의 실제 작동 여부를 제대로 교수자에게 알려 주는 것이 3차 노트의 내용이며 학습자는 3차 노트를 작성하는 과정에서 교수자와의 일대일 대화를 시도할 수 있다. 3차 노트를 단지 무엇을 배웠고 의미 있었다는 지식성취에 대한 진술을 넘어 내가 어떻게 학습했고 어떠한 경험을 했으며 제대로 했다 못했다에 대한 학습방법 성찰의 기회로 보기에, WPBL에서 3차 노트는 교수자에게 교수방법에 대한 개선을 요구하는 학습자의 공식 이의제기라고도 할 수 있다.

대학에서 학생이 교수에게 의사를 전달할 수 있는 기회가 얼마나 있을까? 학기 중간이나 학기 말에 강의평가 개선 의견을 제시하는 정도만 해도 다행이 아닐까? 대학수업의 발전에 있어서 교수자의 일방적 상황판단이나 처방을 학생들과의 공감을 통한 개선방향 탐색이라는 관점으로 전환할 필요가 있는데, WPBL에서는 3차 노트를 그 촉매로 활용한다.

모든 수업에서 교수자와 학생들 간의 활동이 활발하게 공감을 기

반으로 전개되는 것이 정상이고 기대일 것이다. 그러나 아직 학습자가 미숙한 수준이라면 이러한 수업에서 능동적 학습에 어려움이 있을 것이다. 이때 3차 노트는 자신을 돌아보는 거울이면서 교수자와의 소통 창구가 될 수 있다. WPBL에서 3차 노트는 학생의 성장과 발달을 위해 교수자가 함께하는 공감의 장으로서 의미가 있다. 3차 노트라는 공감의 장을 통해서 학생들은 저마다 개성을 가지고 성인학습자 흉내를 넘어 진정한 성인학습자로 발전해 갈 것이다.

2. 3차 노트 활용 수업

3차 노트는 교수자에게도 끊임없는 성찰을 요구한다

3차 노트를 어떻게 작성해야 한다는 일정한 틀은 없다. 3차 노트 역시 1차, 2차 노트와 같이 다양한 방식으로 작성되도록 안내될 필요가 있다. 교수자로서 학생들과 함께한다는 공감을 전제로 대화를 하는 통로라는 점을 학생들에게 인식시킬 필요가 있다. 3차 노트를 잘 작성했다 못했다라는 평가적 인식보다는 학생들이 무엇을 말하고자 하는지 교수자로서 들으려고 하고 그것을 다음 수업에서 개선된 모습으로 녹여 내는 것이 필요하기 때문이다.

3차 노트에는 수업에 대한 모든 것을 다룰 수 있다. 학습자가 무엇을 성취하고 있는가에 대해서 자신의 지식이 양적 · 질적으로 어떻게 변화하고 있는가에 대한 내용을 먼저 생각해 볼 수 있다. 여기서 2차 노트와의 차이점이 있다면, 2차 노트에는 자신의 지식 자체의 발전된 모습을 작품으로 제시하는 것이 목적인 반면 3차 노트에서는 그러한 자기 작품의 발전과정에 대한 성찰을 담을 수 있다.

3차 노트에는 또한 학습방법에 대한 성찰이 주요한 내용이 된다. WPBL이 기존 개발도상국 시대에 일반적이었던 암기위주 교육을 극복하고자 하는 것은 궁극적으로 학생들의 학습방법의 변화를 지향하기 위함이다. 따라서 3차 노트에서는 학습방법 개선에 대한 학생들의 철저한 성찰이 강조된다.

이러한 점이 시사하는 바는 기존의 관행에 머무는 수업을 진행하는 교수자들에게 수업방법의 개선을 요구한다는 점이다. 본인의 수업에서 혁신이나 변화가 없으면서 학생들에게 3차 노트를 작성하라고 한들 학생들의 학습방법 개선에는 크게 도움이 되지 못할 것이다. 따라서 교수자는 학생들이 어떻게 학습해야 하는지, 왜 그래야 하는지에 대한 분명한 변화인식을 가지고 학생들을 안내할 수 있어야 한다. 단지 3차 노트가 중요하다고 하니 너희도 3차 노트를 작성해라라는 식의 접근은 지양되어야 한다. 3차 노트는 교수자가 앞장서서 어떻게 학습활동이 바뀌어야 하고 그러기 위해서는 내가 수업에서 어떠한 교수전략을 활용해야 하는지에 대한 끊임없는 성찰을 오히려 교수자에게 요구하고 있는 것이다.

3차 노트는 성찰의 중요성을 교수자가 일관성 있게 강조해야 발전한다

3차 노트를 작성함에 있어서 학생들을 도와주는 가장 성공적인 방법은 일관성이다. 즉, 교수자가 학생들에게 끊임없이 일관성 있게 메시지를 전달해야 한다. 한 번 전달로 성공하지 못하며 반복적인 학습방법 변화에 대한 메시지 강조를 해야 서서히 학습자들의 변화가 시작된다. 조급함은 결국 실패를 가져온다.

필자의 경우에도 1학년 1학기부터 고등학교 때 학습방법의 한계를 성찰시키고 인식시켜 나간다. 수능위주의 수업을 받은 학생들의 학습방법은 대개 암기위주의 학습방법에 익숙하다. 이러한 학습습관이 하루 아침에 바뀌지 않을 것이다. 누군가는 일관성 있게 새로운 학습방법을 안내하고 그 중요성을 강조하며 실제로 학생들이 체득할 수 있는 기회를 제공해야 한다. 물론 학생들은 시행착오를 경험한다.

"시행착오는 젊음의 특권이다."

이것은 필자가 수시로 강조하는 구호이다. 지금의 대학이 이미 엘리트들만의 전유물이 아니고 보통 대중교육의 역할을 하고 있는 상황에서 잘못된 학습습관을 개선하는 것은 더 이상 대학의 수치가 아닐 것이다. 아니, 오히려 학생들에게 새로운 방향을 그리고 방법을 구체적으로 안내하고 성찰기회를 주는 것이 시대적 역할일 것이다. 진정한 성인학습자로 발전해 가는 과정에서 WPBL이 필요한 이유가 바로 이것이며 3차 노트는 그 핵심의 자리에 있다.

3차 노트 성찰의 대상은 수업 내외의 활동을 포함한다

3차 노트는 매주 작성하는 것보다 3주 정도 간격을 두고 작성하는 것이 효율적이다. 물론 매주 작성하는 것이 나쁜 것은 아니지만 학생들의 과제 부담을 고려하여 결정한다. 예를 들어, 3주마다 작성하게 하는 이유는 필자의 경우 1차 노트는 그날 수업 후 바로 사진으로 찍어서 LMS에 올리라고 하고 있고, 2차 노트는 다음 주 수업 전까지 제출하라고 하는데, 3차 노트까지 부여하면 과제 부담이 너무 클 수 있기 때문이다. 15주의 경우 총 5번의 3차 노트 작성을 하게 되는데 물론 이는 교수자의 결정사항이다.

WPBL의 3차 노트에서는 그 대상을 수업 내의 학습활동에만 국한하지 않고 수업 외의 학습활동까지 포함하여 시간의 흐름에 따라 자신의 학습활동을 성찰하도록 안내한다. 학습이 학생들에게 유의미한 결과를 가져오려면 수업 전, 수업 내, 수업 후의 활동들이 서로 연계되어 진행되어야 한다. 3차 노트를 읽을 때 교수자는 학생의 학습활동들이 서로 연계되어 있는지를 살펴야 하며, 나아가 해당 활동 하나하나에 대해 학습자가 초인지를 발휘하여 스스로 성공과 실패 여부를 판단하며 자기관리를 하고 있는지 파악해야 한다.

• 3차 노트 활용 진단 팁(교수자용)

(교수자의 입장에서 3차 노트 작성과 관련하여 자신의 안내가 적합한지 항시 점검한다.)

- 평소 초인지 중요성을 강조하는가?
- 초인지 활용기회를 수시로 제공하는가?
- 지식에 대한 성찰을 안내하는가?
- 학습방법에 대한 성찰을 안내하는가?
- 3차 노트에 대해 공개 피드백을 제공하는가?
- 3차 노트의 솔직성을 점검토록 하는가?
- 3차 노트 발전 사례를 공유하는가?
- 수업 내와 수업 외의 학습활동에 대한 성찰을 격려하는가?
- 3차 노트가 도움이 되는 점을 말해 보게 하는가?

• 3차 노트 활용 진단 팁(학습자용)

(학습자의 입장에서 3차 노트 작성과 관련하여 자신의 안내가 적합한지 항시 점검한다.)

- 시간의 순서대로 학습활동을 성찰하는가?
- 수업 내와 수업 외의 활동을 연계하여 성찰하는가?
- 동료 학생들로부터 배우는 점을 성찰하는가?
- 자신의 부족한 점을 성찰하는가?
- 자신의 강점을 성찰하는가?
- 자신의 발전과정을 성찰하는가?
- 자신의 지식 구성의 능동성 여부를 성찰하는가?
- 자신의 문제파악 수준을 성찰하는가?
- 자신의 공감 노력을 성찰하는가?

3. 3차 노트 경험 후기

후기 01

"3차 노트를 작성하며 가장 도움 된 점은 역시 '제 모습을 되돌아보고, 잘못된 점을 찾아 성찰한 뒤 문제를 고칠 수 있었다'인 것 같습니다. 노트에 부끄럽지만, 제가 아쉽다고 느낀 점을 직접 찾아 적으니(ex. 이번 시간에 발표할 때 목소리가 작았다, 팀장으로서 진행 능력이 아쉬웠다, 과대로서 problem sensing 능력이 부족했다) 수업시간에 어떤 역량에서 부족함이 발생했는지를 단번에 파악할 수 있었습니다.

이렇게 아쉬운 점을 파악하고 나니, 다음 수업에 참여할 때부터는 지난 수업시간에 아쉬웠던 모습을 기억하고, 바로바로 제 행동을 고쳐 낼 수 있었습니다. 이렇게 저는 3차 노트를 통해 제 아쉬운 점을 스스로 분석해 보고 고칠 수 있는 기회를 마련하며, 실제 수업에서 고쳐 냈다는 것이 가장 저에게 도움이 많이 되었다고 생각합니다. 이뿐만 아니라 이번 동기 3차 노트에서는 교수님의 활동과 나의 활동, 동기들의 활동을 'ARCS모델'을 통해 직접 분석해 보며, 수업의 전체적인 매력성을 판단하는 데도 정말 많은 도움이 되었고, 수업시간 이후에 저의 활동도 나열하고 반성해 보며 제 모습을 전체적으로 성찰하고 발전시켜 나가는 데 큰 도움을 받을 수 있었습니다."

후기 02

"3차 노트를 작성하면서 수업활동을 성찰하고 점검할 때 많은 도움을 받았다. 첫 번째로, 3차 노트를 통해서 수업활동을 성찰하는 능력을 기를 수 있었다. 성찰은 정말 중요하다고 생각한다. 성장을 유도하는 원동력이기 때문이다. 수업활동 중 교수활동과 학습활동으로 나누어 오늘의 교수활동과 학습활동은 어떠하였는지 점검하면서 좋았던 점은 무엇인지, 개선해야 할 점은 무엇인지 발견할 수 있게 되었다. 이렇게 성찰하면서 내적인 뿌듯함과 만족감이 들면서 수업에 더욱 적극적인 자세로 임하게 되었던 것 같다.

두 번째로, 3차 노트를 통해서 수업활동에 대한 자신감을 높일 수 있었다. 1차, 2차 노트를 통해서는 나만의 프라임 아이디어를 얻는다면, 3차 노트를 통해서는 나만의 느낌과 깨달음과 성찰을 작성하기에 수업활동에 대한 전반적인 나의 수준과 현 상태를 점검할 수 있게 된다. 이로써 스스로 발전한 모습을 발견하게 되면 자신감이 생기게 된다. 그리고 이러한 자신감은 다음 수업에서 이전보다 적극적이고 능동적인 자세를 가지게 해 주었다."

3차 노트 작성 사례 01

"물론 아직 아이디어와 아이디어를 연결하려는 시도가 어려울 때도 많긴 하다. 조직적으로 지식들이 머릿속에 저장되어 있지 않아서 가끔 학습내용이 헷갈리기도 하다. 이는 아직도 연습해야 할 부분인 것 같다. 방학 동안에도 전공 공부 이외에 공부를 지속할 것이기 때문에 아이디어와 아이디어를 연결하는 연습을 꾸준히 해야겠다고 다짐했다.

이번 주차를 학습하면서 나에게 가장 큰 고민은 바로 2차 노트였다. 물론 1학년 때부터 2차 노트를 항상 어떻게 쓰면 좋을지 고민했는데 이번 수업을 들으면서 그 고민이 더 커진 것 같다. 다름이 아니라 나의 학습방법에 오류가 있다는 것을 느꼈기 때문이다. 지금이라도 그 오류를 찾아 나서고 그 오류를 고치려고 실천하려고 하기 때문에 나의 학습은 더 좋아질 것이라 예상된다.

그 오류는 바로 2차 노트였던 것 같다. 이를 크게 느끼게 해 줬던 수업이 있었는데 바로 3월 30일 5주차 수업이다. 이 수업에서는 이전 수업시간에서 배운 내용과 더불어 조금 더 심화한 내용을 다루었다. 이전에 배운 내용에 대해 수업시간에 이야기가 나오면 나는 2차 노트만큼은 잘 정리했다고 생각해서 2차 노트를 펼친다. 교수님께서 물어보시는 내용에 대해 답하면 항상 그 대답은 조금씩 부족하곤 했다. 그런데 그 대답에 보충 설명해 주는 학우들을 보면서 과연 내 학습방법이 옳았던 것인지 의문이 생기기 시작했다.

분명 수업이 끝난 후 2차 노트를 쓰는 것은 나를 비롯한 다른 친구들 모두 같을 것이다. 근데 왜 나는 수업시간에 하는 대답이 조금씩 부족한 것이고 다른 친구들은 그 보충적인 부분을 잘 집어서 이야기하는 것일까? 아무리 생각해도 2차 노트를 쓰는 방식의 차이가 있을 것이라고밖에. 따라서 이번 성찰노트를 쓰기 전에 내 2차 노트 작성법을 바꾸기로 마음먹었다. 사실 나만의 방식을 고수하면서 노트를 잘 써 낼 수 있다면 더할 나위 없이 좋겠지만 그렇지 못하는 상황이었다. 잘한 사람의 것을 모방하는 것도 실력이라는 말이 있다.

우리 동기들의 2차 노트를 공유했던 기억을 되새기며 어떻게 내 2차 노트를 꾸려 갈지 고민했다. 첫 단계는 일단 모방이라도 해 보는 것이다. 그리고 다음 단계로 갈수록 점점 나만의 2차 노트가 될 수 있도록 구성해야겠다. 일단 내용 간의 연계성을 어떻게 다뤄야 할까? 나는 핵심을 위주로 정리하는 것이 확실히 학습이 잘 되는 편이다. 그래서 여태까지 토막지식을 적어 놓고 생각을 정리했는데 이 토막지식이 문단 안에 잘 녹아들게 작성해야 한다고 느꼈다. 그렇지만 줄글로만 작성해 놓는 것은 내가 학습할 때 읽기도 쉽지 않고 중요한 부분이 어딘지 찾기 힘든 경우가 생길 수 있다. 그래서 맥락에 따른 문단 나누기도 확실히 한 후 내가 중요하다고 생각하는 키워드와 문장에 색을 넣거나 진하기를 넣기로 했다. 물론 이 과정도 시행착오의 한 과정이다. 지금 내가 2차 노트 방식을 바꾸듯이 앞으로도 또 바꾸는 과정이 있을 것이다."

이 사례에서는 학습자가 지식을 연결하는 2차 노트를 작성할 때의 어려움을 성찰하면서 동료들의 2차 노트를 참조하여 무엇을 개선해야 하는지 언급하고 있다.

3차 노트 작성 사례 02

"13주차의 두 번째 주제로는 기말고사 시즌이 다가오면서, 이를 어떻게 평가받을지, 수업활동은 어떤 것을 더해야 할지 이야기를 나눈 팀 토론과 토론 결과에 대한 교수님의 피드백을 언급하고자 합니다. 저는 팀 활동을 진행하면서 저희 팀이 초반부터 소통도 잘되고, 결과도 빠르게 도출해 내서 정말 좋은 팀이라는 생각이 많이 들었습니다. 하지만 결과는 다소 아쉬운 부분이 많았습니다. 구체적으로 저희 팀이 선정한 평가받고 싶은 목적과 목표는 내용 자체가 구체화되지 않았고, 목표에 따른 수업 추가방안도 명확히 제시되었지 않았기에 다른 동기들과 교수님에게 혼란을 유발했던 것 같습니다. 그래서 이는 이번 3차 노트를 계기로 팀원들과 동기 기말고사가 진행되기 전까지 반드시 한 번 더 소통하여 평가받고 싶은 내용과 수업 추가활동을 구체화해서 아쉬운 점을 보완해야겠다고 느꼈습니다.

교수님의 활동: 교수님께서는 토론방을 열어 주셨고, 학생들을 생각하여 기말고사를 어떻게 평가받을지 직접 정해 볼 수 있는 기회를 제공해 주셨습니다. 이후에는 토론이 끝날 때까지 기다리신 후, 각 팀의 진행 결과를 들어 보시고 그에 대한 피드백을 제공하셨습니다.

교수님께서 사용하신 ARCS 요소 처방의 포인트: 교수님께서는 학습자들이 직접 토론을 통해 수업을 주도하고, 자신이 평가받고 싶은 항목을 정할 기회를 주셨다는 점에서 'C3. 개인적 통제'와 'R1. 목적 지향성'의 요소를 사용하셨다고 생각했습니다. 이뿐만 아니라, 강의식 수업에서 토론식 수업으로 변화를 주신 후, 모든 팀에게 피드백을 받을 동등한 기회를 제공하셨기에 'A3. 변화성' 'S3. 공정성'의 요소도 함께 사용되었다고 볼 수 있었습니다.

나의 활동: 저는 이번 활동에서는 먼저 제가 평가받고 싶은 목표(동기 수업에서 내 동기들 한 명당 학습동기 문제점을 한 가지 이상 발견하고, 문제에 대한 적절한 처방을 ARCS 요소를 통해 제시할 수 있다)를 정하고 동기들에게 발표하

는 시간을 가졌습니다. 이후에는 동기들의 평가목표도 함께 들어 보며, 우리 팀이 학습목표를 평가받기 위해서 추가해야 하는 활동을 같이 고민하는 시간을 가졌습니다.

수업활동 성공 여부: 이번 활동은 60% 성공이라고 생각합니다. 왜냐하면 팀 토론은 원활하고 2일 동안 활발하게 이루어졌지만 정작 발표에서는 그다지 좋은 결과를 도출하지 못한 것 같기 때문입니다.

이 사례에서는 학습자가 수업 중에 교수자의 활동을 떠올려 보고, 자신의 학습활동도 떠올려 보면서 무엇이 문제였는지를 구체적으로 성찰하고 있다. 그리고 자신의 학습활동의 성공 여부에 대해 스스로 평가하며 아쉬움을 표시하고 있다.

12장

WPBL의 학습활동

WPBL[1]은 생존과 혁신을 위한 학습모델이다

학습모델 WPBL에서 학습은 생존의 과정을 따른다. 인간이 환경과의 상호작용에서 문제에 직면하여 자신의 한계를 확인하고 학습을 통하여 극복해 가는 행위의 과정을 따른다. 이는 학습이 학습자의 생존과 관련하여 전개될 때 가장 효율적이라는 가정에 기초한다. 따라서 생존의 주체인 학습자를 중심으로 진행단계의 흐름을 파악하고 그 흐름이 물 흐르듯 자연스러울 수 있도록 진행되는 과정에서 학습이 발생하도록 하는 수업활동을 지향한다.

WPBL에서는 학생들의 삶의 현장이 그들이 생존해야 하는 정글이라는 비유를 사용한다. 즉, 각자의 생존을 위한 문제해결의 과정에서 자신이 가진 지식의 한계를 느낄 때 비로소 학습이 제대로 이루어진다고 가정한다. 이는 개개인의 지식은 생존에 도움이 되어야 하며 도움이 안 된다면 재구조화되어야 한다는 점을 시사한다.

따라서 교실에서도 학생들이 삶의 현장감을 느끼도록 하는 것이 중요하다. 즉, 학습활동에 실제성(authenticity)이 살아 있도록 하는 것이 중요하다. 교실이 현실세계와 별개로 분리되는 것을 가능한 한 지양하며 교실의 학습활동들도 학생들의 삶의 현장의 연장선에

1) WPBL을 학습모델이라고 칭하는 이유는 개인의 자기주도적 학습의 과정, 즉 'course of action'을 설명하는 모델이며 동시에 실천모델이기 때문이다. WPBL 자체는 학습자 개인의 주체적 학습활동의 단계를 표현하고 있는데, 이는 다양한 수업전략과 결합하여 다양한 수업활동을 가능케 한다. 예를 들어, WPBL 학습활동의 과정은 직접 교수법, 토론수업, 발견학습, 기존의 PBL, 액션러닝 등으로 불리는 수업모델들에 의해 촉진될 수 있다는 전제를 한다.

서 진행되는 것이 필요하다. 학습현장이 교실 안이든 밖이든 학생들이 그들의 삶의 현장과 관련하여 문제를 파악하고 원인을 분석하며 해결안을 실행하는 과정에서 자기 지식의 한계를 경험하고 궁금증을 확인하며 새로운 것을 학습해 가는 실제적 실행을 하는 것이 중요하다.

1. WPBL에서의 사고활동

초인지, 문제인식, 공감, 지식구성이 상시 작동함을 가정한다

WPBL을 활용한 수업에서는 초인지(metathinking)가 핵심이 되어 문제인식(problem sensing), 공감(empathizing), 지식 구성(knolwledge building)이 항시적으로 작동하도록 하는 것이 성공의 조건이다. 학습자는 WPBL에서 이들 네 가지의 사고활동을 전개하도록 기대되며 습관화되어 숙달되도록 안내된다. 결국 WPBL 수업이란 이들 네 가지의 사고가 작동하는 수업이라 할 수 있다.

WPBL에서 학습의 과정은 생존에 영향을 미치는 '뭔가 이상하다'라는 순간적 통찰로서 문제인식(problem sensing: PS)에서 시작된다. '뭔가 이상하다'라는 것을 떠올리지 못하는 학습자는 자신의 학습에 그만큼 실제적 맥락을 경험하지 못할 수 있기 때문이다. 생존에 영향을 주는 '뭔가 이상하다'라는 유기체의 전체적인 통찰은 곧 그 시점에서 해당 유기체의 모든 역량이 발현되는 것이며 그것의 타당성이 높을수록 생존 가능성은 높아진다. 이는 기존의 문제해결 과정

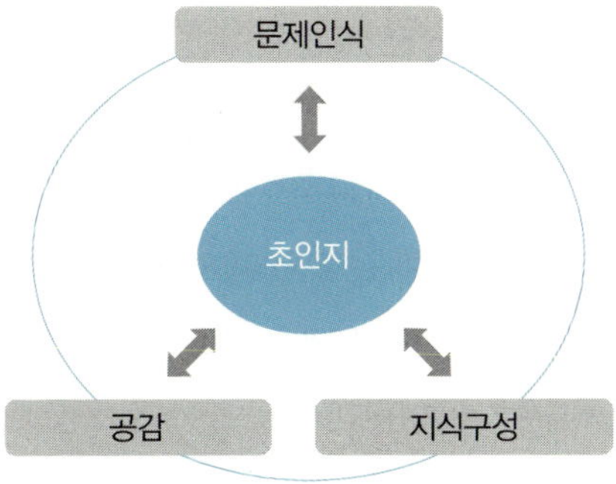

에서 언급되는 단순한 수동적인 문제이해를 넘어서는 능동적이고 지적 · 정서적 역동성을 가진 문제창출을 위한 직관과 통찰을 포함한다.

WPBL에서는 학습자 개인의 외고집적 편견보다는 그를 둘러싼 환경, 특히 자신에게 직접 영향을 미치는 수많은 요소에 대하여 공감(empathizing)하는 것의 중요성을 강조한다. 이는 다분히 의도적이고 당위적인 것이다. 생존의 과정에서 공감이 없는 행동은 곧 사회 전체에 무리를 일으키거나 타인의 생존을 위협할 수 있기 때문에 가치 있는 생존의 기본 조건으로서 공감을 'Course of Action'에 포함한다. 따라서 단순한 지식 암기의 수업을 하더라도 학생들이 그들의 생존과 관련하여 공감을 전제로 그 암기활동을 할 수 있도록 연습하고, 필요에 따라서는 동료들과 함께 토론 및 프로젝트 등을 통해 경험하도록 해야 학생 본인은 물론 그와 함께 생존하는 타인들에게 의미 있는 학습활동이 된다고 본다.

WPBL은 생존을 위한 능동적 학습과정이다

WPBL에서는 프라임 아이디어 발전의 과정에서 지식구성(knowledge building)을 위해 끊임없이 생각하는 것을 기대하며 존중한다. 생각이란 모든 학습의 기본인데 학생들이 만약 생각하는 것을 두려워하거나 어려워한다면 그 수업에서 교수자는 무엇보다도 그들이 왜 그런지 파악하고 대응하는 노력이 필요하다.

WPBL에서 생존이란 결국 학생 스스로 자신에게 필요한 지식을 형성할 때 가능한 것이기에 보다 능동적 학습(active learning)을 중요시하며 그 기반으로서 끊임없는 사고의 활성화를 강조한다. 사고를 통한 학습이 전개되면서 시행착오를 거치게 되면 학생들은 궁극적으로 자신만의 지식체계로서 생존의 현장을 바라보는 안목을 가지게 되는데 그것을 프라임 아이디어(prime idea)라고 칭한다.

기존의 실패하는 대학수업들은 학생들로 하여금 자신만이 가지는 세상을 보는 안목, 즉 프라임 아이디어 도출을 위한 지식구성을 제대로 지원하지 못하는 수업들이라 할 수 있다. 사실 그 결과는 너무 참담하다. 많이 가르치고 배웠지만 시험이 끝나면 머릿속에 아무것도 남는 것 같지 않은 허전함은 결국 프라임 아이디어 형성의 실패 때문이다.

나아가 수업에서 생각, 즉 사고가 살아 있으려면 사고의 대상, 즉 학습의 내용이 학습자의 생존과 어떤 형식으로든 연계되어 있어야 한다. 소위 맥락이 형성되어 있어야 한다. 이때 맥락의 실제성(authenticity)이 중요하며, 교수자는 다양한 형태의 학습과제를 통해 실제성을 가능한 한 확보하도록 할 필요가 있다.

교수자는 자신의 내용 전문성을 바탕으로 학생들의 이해 수준을 고려한 내용표현을 통해 실제성이 학생들의 맥락 속에 자리 잡을 수 있도록 해야 하는데, 이는 교육내용의 중요성과 핵심 포인트에 대해 교수자가 자신만의 언어로 표현할 수 있을 때 가능하다. 그리고 이러한 가능성은 교수자가 해당 내용에 대한 자신만의 프라임 아이디어를 정립하고 있을 때 보다 용이할 수 있다.

WPBL의 핵심 엔진은 초인지이다

특히 WPBL에서는 학생들의 생각을 촉진하기 위한 초인지(metathinking)를 모든 학습활동의 핵심으로 본다. 기존의 지나친 교수자 중심 수업에서는 학생들 스스로 생각하는 것이 미흡하다. 이러한 점을 극복하기 위해 WPBL에서는 자기 자신의 학습과정에 대해 조절하는 초인지를 강조하여 궁극적으로 자기주도 학습자로 발전하는 것을 기대한다.

학생들이 어려서부터 사용해 오던 인지전략, 즉 학습전략은 대학생이 되면 이미 고착되어 쉽게 변하지 않는 경우가 많다. 대학교 1학년들에게 학습습관의 개선을 시도하려 할 때 학생들이 보이는 1차적인 반응은 지금까지 하던 우리의 방식이 편한데 왜 교수님이 구태여 나만의 학습방식(전략, 전술)을 바꾸려고 하는가라며 이의제기를 하는 것이다.

그러나 처음에는 주저하고 힘들어하지만 그 효과성과 필요성에 대하여 반복적으로 강하게 강조하고 꾸준히 학생들에게 학습방식 변화활동을 통해 지도해 가면 학생들 스스로가 변화의 필요성을 받아들이기 시작한다. 즉, 초인지활동을 서서히 시작하여 스스로 자신의 학습전략을 돌아보고 개선을 시도한다. 중요한 것은 대학에서 누군가는 그러한 변화를 읽고 단계적으로 대응하여 학생들의 학습경험이 깊고 풍부해지도록 유도 및 지원해야 한다는 점이다. 변화를 위한 노력을 꾸준히 계속하면 학생들 스스로 왜 이렇게 변화를 해야 하는지 인식하고 동참하는 사례가 늘어나기 시작한다.

초인지를 수업현장에서 활용할 때는 세 가지 방안이 있다. 첫 번째는 학생들이 부족한 경우 초인지전략을 교수자가 제공하여 그것을 숙달시키는 방법이고, 두 번째는 학생들이 사용하는 초인지전략을 학생 스스로 활성화하도록 격려하는 방법이다. 그리고 마지막은 학생들에게 초인지활동을 자극하는 단서를 수시로 제공하는 것이다.

결국 WPBL에서는 학생 스스로 생각하는 것을 촉진하기 위한 초인지전략을 강조하게 되며 이는 기존의 객관주의적 교수방법의 부작용인 지식의 단순누적을 극복하게 한다. 나아가 기존 구성주의적 교수방법의 부작용인 비효율과 혼란을 교수자의 체계적인 교수전략을 통해 최소화함으로써 학생들이 스스로 자신의 머릿속에서 교과내용을 살아 움직이며 발전해 갈 수 있도록 한다.

2. WPBL 수업의 프로세스

WPBL 수업은 네 가지 국면을 거쳐 진행된다

수업은 시간의 흐름을 반영하는 지적인 활동이다. 짧게는 수업시간 한 시간, 길게는 한 학기 전체에 걸쳐 시간의 순서로 교수자와 학습자가 활동한다. 수업을 설계함에 있어서 WPBL에서는 시간의 순서에 따라 학습자 중심의 능동적 학습의 과정을 4국면(phase)으로 개념화한다. 도전(attacking), 분석(analysizing), 행동(acting), 평가(appraising) 국면들은 학습자 입장에서 그들이 문제를 발견하고 해결해 가는 활동의 절차(course of action)를 의미한다. 수업이란 이들 네 가지 국면을 거치면서 학습이 자연스럽게 발생하도록 한다는 입장이다.

• WPBL 수업의 네 가지 국면

- 도전(attacking): 문제발견, 문제 우선순위 결정
- 분석(analysizing): 문제원인 분석
- 행동(acting): 이해(understanding)
  해결안 설계/개발(designing/developing)
  해결안 실행(executing)
- 평가(appraising): 학습과정 및 성과 평가

첫째, 정글 속의 위험을 감지하고 헤쳐 나가는 시발점을 도전국면으로 설정한다. 학생들의 학습이 죽은 학습이 되는 이유는 마음자세가 도전(attacking)하는 자세가 아닌 상태에서 교수자가 지식을 넣어 주려고 하기 때문이다. 그러므로 교수자는 학생들이 자신의 생존을 위해 당면 문제를 인식하고 해당 문제에 도전하며 그 과정에서 자신의 지식의 한계를 느껴 보도록 환경을 준비해야 한다. 도전국면의 주요 산출물은 학생들이 그들의 삶의 현장에서 스스로 파악하는 다양한 문제이다.

도전국면에서 학생들은 수시로 다음과 같은 사고활동을 전개한다.

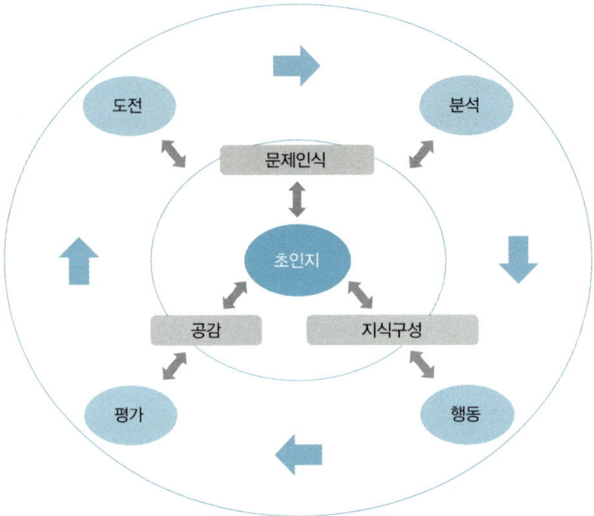

–기대 수준 설정(setting the desired state)

–상황 탐색(exploring the situation)

–현 수준 파악(revealing the current state)

–우선문제 파악(prioritizing problems)

이들 사고활동들은 묵시적으로 학습자의 머릿속에서 발생할 수도 있지만 필요에 따라서는 외현적 활동을 통해 자신의 학습활동의 일부로서 실행될 수도 있다. 교수자의 역할은 이러한 사고활동을 촉진할 수 있는 환경을 조성하고 필요한 가이드나 촉진을 하는 것이다.

둘째, 분석(analyzing)국면에서 핵심은 원인 파악이다. 선정된 문제들에 대하여 해결책을 찾기 위한 사전단계로서 원인 파악이 중시된다. 학습자들에게 '문제는 결과에서, 원인은 과정에서, 해결책은 원인을 제거하는 것'이라는 메시지를 수시로 강조하여 분석적 사고에 익숙하도록 안내한다.

–1수준 분석(1st level analyzing)
–2수준 분석(2nd level analyzing)
–3수준 분석(3rd level analyzing)
–우선원인 파악(prioritizing causes)

예를 들어, 학생들의 수학 성적이 50% 하락했다는 문제에 대하여 1차원 원인 분석에서는 '학생들의 시간 투자가 부족하다' 등의 원인이 파악될 수 있다.

2차원 원인 분석에서는 '시간 투자가 부족하다'라는 원인에 대해 '수학에 관심이 없다' 또는 '영어공부에 많은 시간을 투자한다' 등의 원인이 파악될 수 있다.

다시, 3차원 원인 분석에서는 '영어공부에 많은 시간을 투자한다'라는 원인에 대해 '영어공부 방법이 잘못되었다'라는 원인이 파악될 수 있으며, 따라서 해결책으로 '잘못된 영어공부 방법을 개선해야 한다'는 것을 도출하게 된다.

일반적으로 3단계 하위수준까지 원인 분석을 시도하면 대개의 원인들은 파악될 수 있다고 판단되지만, 필요에 따라서 더 낮은 단계의 하위원인들의 파악까지도 수행할 수 있다. 원인들이 나열되면 최종적으로 제거할 원인들의 우선순위를 결정한다. 이는 해결책의 우선순위를 결정하는 것이 된다.

셋째, 행동(acting)국면은 크게 이해하기, 해결안 개발하기, 해결안 실행하기의 포함 여부에 따라 세 가지 유형으로 진행될 수 있다. 첫 번째 유형은 이해(understanding)단계까지 진행하는 경우로, 주로 이론수업의 경우로서 교육내용에 대해 생각해 보고 이해하거나 마스터하는 활동까지 진행할 수 있다. 사실 이런 경우는 기존의 지식 학습과 겉으로는 커다란 차이가 없어 보이지만 WPBL인 경우에는 앞에서 논의한 네 가지 사고작용(초인지, 문제인식, 공감, 지식 구성)이 작동하고 있다는 점에서 차이가 있다.

- 1단계: 이해하기(understanding: exploring, observing, participating, mastering, field exercising)
- 2단계: 해결안 설계 및 개발하기(solution designing & developing)
- 3단계: 해결안 실행하기(solution executing)

두 번째 유형은 실제 현장 실행을 하지 못할 경우, 가능한 수준에서 실제 실행을 위한 실행계획(action plan)을 작성하고 실현 가능성에 대해 발표하는 수준에서 마무리하는 유형이다. 즉, 2단계인 해결안 개발하기까지 진행된다. 대개의 경우 대학에서의 프로젝트들은 실제 상황이 아니므로 계획까지 작성하거나 간단히 시제품을 만드는 정도로 마무리되는 것과 같다. 예를 들어, PBL의 경우에도 해결안을 제시하고 토론하며 평가하는 수준에서 마무리된다. WPBL도 그 정도 수준에서 마무리될 수 있다.

세 번째 유형은 실제로 해결안을 실행하는 단계까지 포함하는 실제 상황의 학습이다. 이는 업무와 학습이 통합되어 있는 경우로서 기업에서 활용될 수 있다. 기존의 액션러닝과 마찬가지로 학습의 성과가 바로 기업의 업무 성과로 연결되는 경우로서 현재 우리나라 대학에서 이러한 수업 사례는 드물다고 할 수 있다. 그러나 산학협력 차원에서 실시할 수도 있으며 그 경우에는 학생들의 책무성이 어디까지인지 관계설정을 분명히 하고 시작해야 한다.

넷째, 평가(appraising)국면에서 학습결과 평가는 크게 두 가지 측면에서 접근할 수 있다. 하나는 해결책 실행의 실제 성과라는 측면에서 평가하는 것이며 다른 하나는 강의평가라는 측면에서 접근하는 것이다.

기업의 성과라는 측면에서 접근하면 업무 수행자는 곧 학습자이므로 학습의 결과가 연봉이나 인센티브와 연계되고, 따라서 학습자에게는 자칫 학습의 의미보다 업무 프로젝트를 수행하는 것으로 인식될 수도 있다. 그러나 강의평가라는 측면에서 접근하면 대학에서의 수업이 전제된다고 할 수 있으며 이 경우 학습자가 얼마나 배웠는가에 초점이 주어진다.

이러한 평가국면에서는 크게 네 가지 활동이 가능한데, 성과를 측정하고, 가치를 평가하며, 나아가 그 결과를 확산하는 것을 포함한다. 실제 기업에서는 투입성과분석(ROI)까지 진행된다.

- 수행사정(performance assessing)
- 가치평가(value evaluating)
- 확산(diffusing)
- 투입성과분석(ROI)

3. WPBL 기반의 수업 유형

WPBL 학습모델을 기반으로 한 수업들의 유형은 독립형 WPBL 수업, 연계형 WPBL 수업, 부분형 WPBL 수업으로 구분하여 논의한다. 이들 세 가지를 구분하는 기준은 어느 정도 현장성을 반영하는가의 여부이다.

1) 독립형 WPBL 수업

학습할 교과내용을 사전에 정함 없이 학습결과에 대한 책무성 있게 네 국면 모두 실제로 수행한다.

학습해야 할 교과내용이 사전에 정해져 있지 않을 때 교과내용에 대한 사전 준비 없이 전적으로 문제발견 및 문제해결 과정 전체를 경험하는 흐름을 거친다. 도전, 분석, 행동, 평가의 네 국면을 모두 거치는데, 실제 문제나 이슈를 대상으로 진행하는 기업교육에 적합하다. 특히 독립형 WPBL에서는 도전국면에서 하위단계인 이해, 해결안 설계/개발, 해결안 실행의 세부단계를 모두 실행한다는 특징이 있다.

실행(executing)한다는 것은 기업의 현장에서 실제 업무 성과를 내야 한다는 의미이다. 기업의 직원인 경우에 자신의 업무 성과 향상이나 혁신을 위해 WPBL을 실시하는 것이므로 그 결과에 책임도 함께 따르게 되며, 따라서 독립형 WPBL은 대학에서 활용하기는 쉽지 않다.

독립형 WPBL 수업은 사실 수업이라기보다는 업무 그 자체이며 동시에 학습활동이다. 기업현장에서 발견되는 문제에 즉시, 적시 대응하면서 해결해 가는 과정 전체가 학습의 과정이다. 이때 교수자는 수업을 하는 것이 아니라 학습활동을 기획하고 설계는 하지만 역할은 코디네이너나 코치의 역할을 수행한다.

독립형 WPBL은 업무 담당자 본인에 의해 문제가 제기되면 사내 HRD 담당자의 협력하에 학습의 과정이 기획되고 설계된다. 독립형 WPBL은 기본적으로 업무현장에서 당사자 본인이 시작하는 것이므로 개인적 성과나 혁신에 기여하기 위한 것이라 개인 차원의 학습활동이라고 할 수 있다.

그러나 업무현장에서 문제를 발견한 개인 당사자와 함께 연계된 다른 구성원들과 함께 학습을 시작할 수도 있다. 이 경우 발견된 문제가 개인 업무에만 한정된 것이 아니라 관련자들의 업무에도 영향을 줄 경우 독립형 WPBL은 팀의 학습으로 전환될 수 있다. 이러한 경우 함께 해결해야 할 문제는 그룹의 문제인식, 즉 GPS(group problem sensing)를 통해 합의된 문제이며 경영진의 승인 여부와 관계없이 진행될 수 있다.

대학에서 독립형 WPBL을 실행하는 경우가 없지는 않겠지만 많지는 않을 수 있다. 그 이유는 독립형 WPBL은 실제 경영 성과와 연계된 문제를 대상으로 하기 때문이다. 즉, 학습의 결과가 직접 현장에 환류되어 적용될 수 있기 때문에 업무 책무성이 없는 대학생들에게 실시하기에는 어려움이 있다.

따라서 대학에서 실시하고자 할 때는 모의과제를 대상으로 시도할 수 있다. 모의과제는 실제는 아니지만 실제의 요소들을 포함하는 수준의 현장성을 가지고 있는 과제로서 아이템을 개발하여 실제 시장에서 판매하더라도 그 결과를 책임지지는 않는다. 따라서 시제품 개발 정도에서 수업을 마무리하고자 할 때는 독립형 WPBL로 수업을 진행할 수 있다. 물론 이 경우에도 가르치고자 하는 교과내용을 사전에 전제로 하지 않으므로 해결책 자체의 도출과 그 결과를 학습자의 입장에서 책무성 없이 경험할 수 있다는 장점이 있다.

2) 연계형 WPBL 수업

학습할 교과내용을 사전에 정해 놓고 4국면 모두 수행하되 학습결과에 대한 책무성은 선택적이다.

연계형 WPBL은 기업이나 대학에서 실시할 수 있는데 독립형 WPBL이 배워야 할 학습내용을 전제로 하지 않는다는 것에 비교하여 연계형 WPBL은 교과내용을 학습을 전제로 진행한다는 것이 차이점이다. 이 경우 교수자는 교육과정에서 제시하는 교과목 내용을 파악해야 하며 주차별로 시간의 순서에 따라 내용을 배열하는 것을 먼저 수행해야 한다. 예를 들어, 다섯 가지 유형을 생각해 볼 수 있는데 이들 유형 중 선택하여 WPBL 프로세스의 네 가지 국면 모두를 반영한다. 연계형의 특징은 수업과정 전체에서는 내용의 흐름을 따르되 필요한 내용에 대해서는 WPBL의 행동국면에서 실행단계까지 실제 수행한다는 것이다.

① 개별순차형: 가장 흔한 코스 구성방법으로, 1주차부터 15주차까지 일련의 순서를 가지고 수업을 진행하는 것이다. 즉, 지난 주에 학습한 내용은 이번 주 학습내용의 선행지식이 된다.

② 그룹순차형: 학습내용을 유의미한 단위로 묶어서 수업을 진행하는 것이다. 예를 들어, 1~3주차, 4~6주차, 9~12주차,

13~15주차 식으로 학습내용별로 주차를 묶어서 코스를 구성하는 것이다.

③ 개별형(개별병렬형): 각 주차의 내용이 위계나 순서가 없는 경우에 사용한다. 1주차의 학습내용과 2주차, 3주차 학습내용의 관련성이 크지 않다는 것이다.

④ 개념구조 중심 순차형: 해당 교과지식의 구조를 중심으로 개념을 형성한 뒤, 교수자가 판단하기에 학습자들이 어느 정도 수준에 도달했을 때 개별순차형의 방식으로 구성하는 방법이다. 단, 지식의 구조를 중심으로 개념형성 시기에는 위계나 순서가 없는 내용으로 진행되는 것처럼 보일 수 있으므로 유의해야 한다.

⑤ 혼합형: 지금까지 제시된 네 가지 방법을 모두 혼합하여 상황과 학습내용에 따라 적절히 구성하여 코스를 구성하는 것이다.

<table>
<tr><th colspan="2">코스 구성 유형</th></tr>
<tr><td>① 개별순차형</td><td>1 → 2 → 3 → 4 → 5 → 6 → 7 → 8 → 9</td></tr>
<tr><td>② 그룹순차형</td><td>1, 2, 3 → 4, 5, 6 → 7, 8, 9 → 10, 11, 12 → 13, 14, 15</td></tr>
<tr><td>③ 개별형
(개별병렬형)</td><td>1 | 2 | 3 | 4 | 5 | 6 | 7 | 8 | 9 | 10 | 11 | 12 | 13 | 14 | 15</td></tr>
<tr><td>④ 개념구조 중심
순차형</td><td>[1, 3, 5, 15] → [2, 4, 6, 7] → [11, 12, 13, 14, 15]</td></tr>
<tr><td>⑤ 혼합형</td><td>[1, 3, 5] → [2, 4] 6 | 7 | 8 → 8, 9, 10, 11, 12, 13, 14,.15</td></tr>
</table>

(송상호, 2018, p. 21 참조)

3) 부분형 WPBL 수업

학습할 내용을 사전에 정함 여부와 무관하게 행동국면 중에서 필요한 단계까지만 선택적으로 활용한다.

부분형 WPBL 수업은 사전에 가르칠 내용이 없을 수도 있지만 있는 경우 교수자가 결정한 내용계열의 순서로 수업을 실시하되 WPBL의 행동국면 중에서 필요한 단계까지만 선택적으로 수행하는 유형이다. 예를 들어, 부분형 WPBL 수업에서는 특정 주차의 특정 내용에 대해 WPBL의 단계를 적용할 때 행동국면에서 이해단계나 해결안 개발단계에서 마무리되는 경우가 많다. 즉, 실제 실행단계를 수행하지 않고 교육내용을 연습하거나 해결안을 설계하는 수준에서 마무리한다. 대학에서 실제 수익창출 여부까지 판단하기 위해 실행단계까지 수업을 한다면 그것은 이미 혼합형 WPBL의 모습이라 할 수 있다. 물론 평가국면에서 그 이전까지 진행된 과정이나 결과에 대한 평가는 당연히 진행한다.

현재 대학에서 사용하는 많은 수업모델이 실제 실행(executing)활동을 수행하지 못하는 경우가 많은 것과 같다. 예를 들어, PBL에서도 해결안을 제시하고 그것에 대해 토론하며 평가하는 것으로 마무리되지 실제 해결안을 실행하는 것까지 이루어지는 경우는 없을 것이다.

<table>
<tr><td colspan="4">WPBL 학습활동(WPBL Course of Action)</td></tr>
<tr><td colspan="4">▶초인지(metathiking)
-실행통제(executing self-control)</td></tr>
<tr><td colspan="4">▶문제인식(problem sensing)
▶공감(empathizing)
▶지식구성(knowledge building)</td></tr>
<tr><td>1</td><td>도전(attacking)</td><td>산출(outputs)</td><td>학습행동(learning activities)</td></tr>
<tr><td></td><td>-기대수준 설정(setting the desired state)
-상황 탐색(exploring the situation)
-현 수준 파악(revealing the current state)
-우선문제 파악(prioritizing problems)</td><td>-파악문제(announced problems)
-문제가치(problem values)</td><td rowspan="7">▶검색(searching)
-자료 검색(resource searching)
-정보 검색(information processing)

▶읽기(reading)
-집중적 읽기(intensive reading)
-넓게 읽기(extensive reading)

▶연결하기(connecting)
-1차 노트(1st note taking)
-2차 노트(2nd note taking)

▶토론(discussing)
-교환(exchanging)
-수집(collecting)
-타당화(validating)

▶연습(practicing)
-숙달(mastering)
-탐색(exploring)
-관찰(observing)
-면담(interviewing)
-참여(participating)
-현장실습(field exercising)

▶발표(presenting)
-동료티칭(peer teaching)
-개인교수(1:1 tutoring)
-보고(reporting)
-말하기(speeching)

▶성찰(reflecting)
-3차 노트(3rd note taking)</td></tr>
<tr><td>2</td><td>▶분석(analyzing)</td><td>산출(outputs)</td></tr>
<tr><td></td><td>-1수준 분석(1st level analyzing)
-2수준 분석(2nd level analyzing)
-3수준 분석(3rd level analyzing)
-우선원인 파악(prioritizing causes)</td><td>-파악원인(announced causes)</td></tr>
<tr><td>3</td><td>▶행동(acting)</td><td>산출(outputs)</td></tr>
<tr><td></td><td>-이해(understanding)
-해결안 설계/개발(solution designing/developing)
-해결안 실행(solution executing)</td><td>-아이디어(ideas)
-해결안(solutions)</td></tr>
<tr><td>4</td><td>▶평가(appraising)</td><td>산출(outputs)</td></tr>
<tr><td></td><td>-수행사정(performance assessing)
-가치평가(value evaluating)
-확산(diffusing)
-투입성과분석(ROI)</td><td>-성과(outcomes)
-실천가치(actualized value)
-확산계획(diffusion plan)</td></tr>
</table>

WPBL 학습활동: 국면, 단계, 산출, 학습행동

4. WPBL 학습활동 경험 후기

후기 01

"평소 수업시간에 배웠던 용어들이 입으로 꺼내어진다는 것, 그것이 시각을 바꾸고 그것을 실생활에 적용하기 시작했다고 생각을 합니다. WPBL 수업으로 앞으로의 진로에서 혹은 현장의 냉혹함에 대해 조금이나마 느끼고 '아, 이것이 현장이구나.'라는 생각이 들어 그에 대해 대비를 잘 할 수 있으며, 실제 현장에서 요구분석이라는 행위를 잘 할 수 있을 것이라는 자신감이 생기게 되었습니다. 저에게 따끔하게 충고해 주시고 열심히 설명해 주시는 교수님 정말 감사합니다."

후기 02

"WPBL은 스스로 현장에서 문제를 파악해야 한다. 문제를 내가 스스로 파악하고 문제의 좋고 나쁨 여부는 쉽게 판단해서는 안 되는 것이 어려웠지만 문제파악에 대한 동료의 의견을 받고 그에 맞는 피드백을 제시하는 연습을 하면서 진짜 현장 속으로 뛰어들면 이런 기분이겠구나 했다. 물론 긴장감도 엄청났지만 그 긴장감 속에서 더 좋은 해답이 나오는 것 같아 굉장히 도움이 많이 됐다. 요구분석 수업은 내 대학생활에 있어 다시는 없을 좋은 기회였던 것 같다. 이 덕분에 나중에 사회에 나가서도 사람들에게 현장에서 느낀 그대로를 잘 전달할 수 있을 것 같다."

후기 03

"한 학기 동안 요구분석 수업을 들으면서 우여곡절도 많았지만 왜 선배들이 힘들어도 가장 도움이 되는 수업이라고 했는지 이제 알 것 같다. 나는 그동안 학습에 있어 능동적이고 주인의식을 갖고 있는 편에 속한다고 생각했다. 하지만 교수자가 유도하는 방향으로 학습을 해 왔지 먼저 학습이슈를 찾아 나서는 학습 탐구자의 모습을 갖고 있지는 않았던 것이다.

요구분석 WPBL 수업을 들으며 스스로 어떤 학습을 하고 있는지 돌아보게 되는 계기가 되었다. 요구분석 수업은 중간고사 이전까지는 교수자가 이슈를 던지고 학습자들이 적극적으로 얻어 가기 위해 질문하고 토론하는 교수자와 학습자 간의 상호작용이 많은 수업이었다. 물론 교수자만 학습이슈를 던져 주는 것이 아니라 설명식 수업과 프로젝트 중심 수업(현장 중심 수업)의 과도기 상태였을 때는 학습자가 먼저 현장에서 느낀 학습이슈를 가져와 수업을 이끌어 가기도 하였다.

중간고사가 끝나고 본격적인 팀 요구분석 프로젝트가 진행되며 가장 먼저 나를 비롯해 동료 학습자들이 맨 처음에 느낀 것은 무엇을 해야 하는지 몰라 미루어 걱정하고 당혹스러워했다는 것이다. 이는 일반적인 학습자들의 특성상 교수자가 안내해 주기를 바라는 특성을 지녔기 때문이고, 일반적인 학습자들이 이러한 특징을 보이는 데에는 대중적인 교수-학습의 틀이 아직까지는 구성주의식의 학습자가 주인이 되어 학습이슈를 찾아나서는 수업방식이 이루어지지 않고 있기 때문이라 생각한다. 처음에는 갈피를 잡지 못하는 모습이 있었지만 맨땅에 헤딩하며 소중한 요구분석 워크북을 잡고 머리를 짜내며 요구분석을 진행했고, 그러는 과정에서 자연스럽게 팀에서 학습이슈가 나오고, 요구분석을 진행하기 위해서 그것을 학습해야 진행이 되기 때문에 자연스럽게 학습자 자기주도학습이 이루어지고 있었다.

… (중략) …

또 하나 느낀 점은 현장에서의 학습의 중요성이다. 아무리 수업을 열심히 듣고 이론학습을 충실히 하더라도 현장 경험에서 느끼는 학습이슈는 이론학습으로 느낄 수 없는 값진 자신만의 지식이 축적되는 것이다. 특히 그동안은 학습과 경험은 별개의 것이고 따로 축적해야 하는 부분이라고 당연히 생각해 왔는데 현장 경험 속에서 학습이슈를 찾아 학습자가 주도적으로 학습하는 WPBL을 경험하며 인적자원개발론에서도 HRD의 새로운 패러다임인 워크 플레이스 러닝이 이러한 것이구나 느끼게 되었다. 일과 학습, 경험과 학습이 분리되는 것이라 하나가 되어 의미 있는, 유용한, 실제로 활용하고 적용할 수 있는 학습이 되어 실제 일에서도 성과를 낼 수 있는. 앞으로 WPBL을 항상 적용하면서 배우고 성장해야겠다고 느끼게 되었다."

참고문헌

강인애(1998a). 왜 구성주의인가. 문음사.

강인애(1998b). PBL과 "성찰저널(reflective journal)"−삼성전자의 변화유도형 리더십 개발을 위한 팀 리더과정 사례. 산업교육연구, 4, 3-27.

김미정(2001). 워크플레이스 변화(Workplace Change) 사례를 통해 본 액션러닝 효과와 문제. 산업교육연구, 8, 5-32.

김미정, 유영만(2003). 액션러닝과 조직변화. 교육과학사.

김민환, 추광재(2015). 예비 · 현직 교사를 위한 수업모형의 실제(개정판). 박영Story.

김영균(2015). 교수법에 길을 찾다. 상상채널.

김영채(1999). 창의적 문제 해결. 교육과학사.

강순이 역(2013). 무엇이 수업에 몰입하게 하는가(Burgess, D. 저). 토트 ㈜ 북새통.

김선희(2021). '마음과 소통하기' 〈조망수용〉. Seoul City, 56-57. https://www.seoulcity.co.kr/news/articleView.html?idxno=404355

김예숙(2018). 사고와 토론. 공동체.

김현숙(2020). 디자인 씽킹 교육의 모든 것. 도서출판 생각나눔.

나승일(2015). 대학에서의 효과적인 교수법 가이드. 서울대학교출판문화원.

박남기(2017). 최고의 교수법. ㈜팸앤파커스.

박수홍(2010). 체계적인 액션러닝. 학지사.

박수홍, 정주용(2014). 술술 풀리는 PBL과 액션러닝. 학지사.

박인우, 강영하, 임병노, 최명숙, 이상수, 최정임, 조규락 공역(2005). 교수모형(7판)(Joyce, B., Weil, M., & Calhoun E, 공저). 아카데미프레스.

박주용(2019). 생각 중심 교육. 집문당.

봉현철, 김종근 공역(2000). 액션 러닝. 서울: 21세기북스.

선대인(2017). 일의 미래, 무엇이 바뀌고 무엇이 오는가. ㈜인플루엔셜.

송상호(2009). 문제해결 인재 양성을 위한 기업형 PBL[W-PBL]: Beyond Action Learning. 2009 한국기업교육학회 춘계학술대회 발표자료. 한국기업교육학회.

송상호(2012). W-PBL-문제인식역량. 월간 인사관리 August, 15. 인사관리협회.

송상호(2014). 중소기업 구성원을 위한 문제인식교육프로그램의 개발 및 효과 연구. 기업교육연구, 16(2), 169-198.

송상호(2017). 요구분석 제대로. 도서출판 딱.

송상호(2018). 매력적인 수업 제대로. 도서출판 딱.

송상호(2022). 좋은 대학 강의 만들기. 도서출판 딱.

송상호, 박인우, 엄우용, 이상수 공역(2007). 수업설계의 원리(Gagne, C. M., Wager, W. W., Goals, K. C., & Keller, J. M. 공저). 아카데미프레스.

신재한, 김현진, 윤영식(2013). 창의인성교육을 위한 토의 · 토론교육의 이해와 실제. 한국학술정보.

신준섭(2017). 수업서클을 활용한 공감수업하기. 에듀인뉴스, 98-101. https://www.eduinnews.co.kr/news/articleView.html?idxno=8700

안진환, 허형은 공역(2011), 미국 최고의 교수들은 어떻게 가르치는가(Bain, k. 저). 뜨인돌출판사.

엄우용, 봉현철 공역(2014). 액션러닝(Neil, J. O., & Marsick, V. J. 공저). 학지사.

엄훈(2021). 학교 속의 문맹자들. 우리교육.

우영진, 박병주, 이현진, 최미숙(2021). 디자인씽킹 수업. ㈜아이스크림미디어

유영만(2003). 실천학습에 실천과 학습이 존재하는가? 지식경영연구, 4(2), 55-77.

윤경로(2008). GE가 적용한 액션러닝은 Revans 교수와 다르다. HRD, September, 34-35.

이돈희(2017). 토론과 학습(1). 월간 교육 7월호, 통권 17, 148-155.

이지현 역(1994). 가르치는 일이란 무엇인가?(Fenstermacher, G. D., & Soltis, G. D. 공저). 교육과학사.

이혜정(2018). 서울대에서는 누가 A+를 받는가. 다산지식하우스.

임규연, 김영수, 김광수, 이현우, 정재삼 공역(2014). 교수의 으뜸원리(Merrill, M. D. 저).

장경원, 고수일(2013). 액션러닝으로 수업하기. 학지사.

장소진(2017). 발표 수업에서의 공감적 피드백의 의미와 전략, 문화와 융합, 39(5), 367-392.

정문성, 김동일(2002). 협동학습의 이론과 실제. 형설출판사.

정주영, 홍광표, 이정아(2012). 술술 풀리는 PBL과 액션러닝. 학지사.

조규락, 박은실 공역(2009). 문제해결 학습(Jonassen, D. H. 저). 학지사.

조벽(1999). 새시대 교수법. 한단북스.

조수연(2009). 기업형 W-PBL(Workplace-Problem Based Learning)의 교수-학습 과정 개선 연구. 안동대학교 교육공학과 석사학위논문.

차갑부(2010). 명강의를 위한 40가지 이야기. 교육과학사.

최정임, 장경원(2015). PBL로 수업하기. 학지사.

한국교육개발원(2014). 대학교수 13인의 명강의. 학지사.

한양대학교 ERICA IC-PBL 센터(2022). 2022 하계방학 ERICAIC-PBL TIP 1일차 교육.

EBS 〈최고의 교사〉제작팀(2013). 최고의 교사. 문학동네.

찾아보기

저자 소개

송상호(Song Sang Ho)

현 안동대학교 사범대학 교육공학과 교수
한국수행향상센터장

학력

미국 Florida State University 교육공학 전공(철학박사)

서울대학교 대학원 교육학과 교육공학 전공(교육학석사)

국민대학교 사범대학 교육학과(교육학사)

저서 및 역서

좋은 대학 강의 만들기(도서출판 딱, 2022)

매력적인 수업전략(도서출판 딱, 2021)

평생교육 프로그램 개발 제대로(도서출판 딱, 2020)

매력적인 수업 제대로(도서출판 딱, 2018)

요구분석 제대로(도서출판 딱, 2017)

교육공학과 교수설계(10판, 공역, 아카데미프레스, 2011)

미래를 생각하는 e-러닝 콘텐츠 설계(공저, 서현사, 2007)

수업설계의 원리(5판, 아카데미프레스, 2005)

교육공학의 최근동향(공저, 교육과학사, 2002)

매력적인 수업 설계(공저, 교육과학사, 1999)

연구 및 관심분야

Workplace problem-based learning/미래 대학 발전

동기이론과 수업설계/에듀테인먼트/요구분석 및 수행공학

연락처 및 주소

연락처: 054) 820-5892 이메일: songs@anu.ac.kr

주소: 경북 안동시 경동로 1375 국립안동대학교 사범대학 교육공학과 3216호

First Class 대학수업
–현장 문제중심학습(WPBL)–

First-class Instruction at University:
WPBL(Workplace Problem-Based Learning)

2022년 12월 25일 1판 1쇄 인쇄
2023년 1월 1일 1판 1쇄 발행

지은이 • 송상호

펴낸이 • 김진환
펴낸곳 • (주) 학지사
04031 서울특별시 마포구 양화로 15길 20 마인드월드빌딩
대표전화 • 02-330-5114 팩스 • 02-324-2345
등록번호 • 제313-2006-000265호

홈페이지 • http://www.hakjisa.co.kr
페이스북 • https://www.facebook.com/hakjisabook

ISBN 978-89-997-2808-2 93370

정가 15,000원

저자와의 협약으로 인지는 생략합니다.
파본은 구입처에서 교환해 드립니다.